Ros Ball

Illustrationen von Emmy Lupin

Starke Frauen, Starke Stimmen

70 Porträts von außergewöhnlichen Politikerinnen, die Geschichte schrieben

FREDERKING & THALER

Inhalt

Einführung

Starke Frauen, starke Stimmen handelt von Frauen in der Vergangenheit, aber auch von Frauen in der Gegenwart und Frauen mit einer Zukunft. Porträtiert werden 70 politische Pionierinnen – die Ersten in ihrem Land, die ins Parlament gewählt oder Ministerin wurden, das höchste Staatsamt übernahmen oder auf andere Weise die »gläserne Decke« der Politik durchbrachen. Beim Schreiben dieses Buchs wurde ich von der Geschichte eingeholt und überholt: Neue Frauen kamen in hohe Ämter, wie Kamala Harris als erste Vizepräsidentin der USA. Es ist mir sowieso am liebsten, wenn mein Werk bereits beim Erscheinen veraltet ist – je schneller, je lieber. Wie kommt es, dass in Ländern wie Japan, Italien, Mexiko, Südafrika und den USA noch nie eine Frau an der Spitze stand? Diese Zahl gibt zu denken: 70 Prozent der Nationen wurden bisher nur von Männern geführt.

Starke Frauen, starke Stimmen entstand während der COVID-19-Pandemie. Dieser Zeit verdanken wir ein neues Bild von weiblichen Führungspersönlichkeiten in aller Welt. Sirimavo Bandaranaike war 1960 im damaligen Ceylon die erste demokratisch gewählte Premierministerin der Welt; sie wurde in der Presse verspottet und als inkompetent gescholten. Jetzt, im 21. Jahrhundert, durften wir Schlagzeilen lesen wie »Frauen in Führungspositionen: glänzende Leistungen während der Pandemie«. Studien zeigen, dass Spitzenpolitikerinnen die Herausforderung anders und oft besser bewältigt haben als Männer. Meiner Meinung nach ist das Geschlecht nicht unbedingt der entscheidende Faktor. Diese Regierungen könnten deshalb erfolgreicher sein, weil sie diverser sind und einer Vielzahl von Stimmen Gehör schenken. Ein System, in dem eine Frau an die Spitze gelangen kann, hat also wahrscheinlich den besseren Lösungsansatz. Das funktioniert aber nur, wenn die Vielfalt im gesamten System Ausdruck findet und nicht nur bei einer einzelnen Frau an der Spitze der Machtpyramide. Frauen in einflussreichen Positionen sind nicht per se etwas Gutes oder eine Errungenschaft des Feminismus; sie müssen ihre Macht auch nutzen, um jene zu unterstützen, die keine Macht haben. Niemand in der Politik ist frei von Fehlern – aber Frauen stehen viel mehr unter Rechtfertigungsdruck.

Nicht jede Frau, die in ein Amt gewählt wurde und in der Politik Grenzen versetzte, findet sich in diesem Buch wieder. Aber die Anzahl ist dennoch groß – wobei einige Ihnen vielleicht sympathisch sind, andere nicht. Neben den bekannten Namen stehen jene, von denen wir meines Erachtens bisher kaum etwas gehört haben oder von denen wir lernen können. Ausgewählt habe ich vor allem jene Frauen, die Demokratien stabilisiert oder Chancen für künftige Frauengenerationen geschaffen haben. Die Reihenfolge der Porträts hat nur insofern Bedeutung, als sie eine Reise um die Welt darstellt, die sich gut lesen lässt und bei der sich Pionierinnen von einst und Politikerinnen von heute die Klinke in die Hand geben.

Beim Verfassen dieses Buchs begegnete ich einem Phänomen, das als »Witwennachfolge« bekannt ist: Eine Frau nimmt den Platz eines Mannes ein, mit dem sie durch Heirat oder Geburt verwandt ist. Diese Feststellung soll nicht die enorme Herausforderung schmälern, die eine erfolgreiche Wahl für die Politikerin darstellt, sondern sie soll lediglich verdeutlichen, dass sich die Wählerschaft mit einem (scheinbar) schrittweisen Wechsel vom Ehemann/Vater zur Ehefrau/Tochter abgefunden hat, ein wiederkehrender Vorgang in den Parlamenten in aller Welt. Dabei spielen Gewalt und Leid eine große Rolle – Attentate bilden eine Konstante in der Geschichte von Frauen in der Politik. Auffällig ist auch, dass viele dieser Frauen (aber bei Weitem nicht alle) in Haushalten aufwuchsen, in denen sie ihren Brüdern gleichgestellt waren oder ermutigt wurden, die üblichen Geschlechterrollen zu hinterfragen. Nicht wenige von ihnen verloren den Vater in jungen Jahren, sodass sie oder die Mutter die Aufgabe übernehmen mussten, für den Lebensunterhalt der Familie zu sorgen. Vielen ermöglichte ihre Herkunft aus privilegierten Verhältnissen den Durchbruch, und das muss sich ändern, wenn wir eine echte Repräsentation wollen. Noch kein einziges Land hat die wirkliche Gleichstellung der Geschlechter erreicht. Daraus folgere ich, dass Bildung der Schlüssel zum Wandel ist. Die meisten Frauen in diesem Buch hatten ihr politisches Erweckungserlebnis an einer Universität. Dieser entscheidende Moment im Leben erweitert den Horizont, und der Geist kann die Grenzen des Elternhauses und seiner begrenzten Möglichkeiten hinter sich lassen.

Neben den Gemeinsamkeiten steht das Trennende. Mit welcher der hier vorgestellten Frauen können wir uns am besten identifizieren? Mit den Stillen und Zurückhaltenden, mit den Überschwänglichen und Selbstbewussten oder mit den Intellektuellen und Gewissenhaften? Jede Persönlichkeit findet ihre Nische in der Politik und bei der Gestaltung des Wandels – es gibt kein allgemeingültiges Erfolgsrezept.

In diesem Sinne wünsche ich mir, dass *Starke Frauen, starke Stimmen* Frauen und Mädchen, die sich für Politik interessieren, hilft, sich in diese Vorfahrinnen und Vorbilder hineinzuversetzen, und dazu beiträgt, dass sie in der Zukunft selbst solche Rollen übernehmen. Ich hoffe sehr, dass einige von jenen, die dieses Buch gelesen haben, eines Tages starke Frauen werden, die gewinnen können.

Auf die demokratisch gewählten Frauen.
Dass wir sie kennen.
Dass wir sie sind.
Dass wir sie großziehen.

Sirimavo Bandaranaike

SRI LANKA

Als Sirimavo Bandaranaike 1960 Premierministerin von Sri Lanka (damals Ceylon) wurde, war sie das erste demokratisch gewählte weibliche Staatsoberhaupt der Welt.

Die Geschichte ist reich an Beispielen dafür, welche katastrophalen Folgen Nationen heraufbeschwören, wenn ihre Verfassung einem Mann zu viel Macht gibt.« Weise Worte einer Politikerin, die wie keine andere Frau in der Neuzeit die Bedeutung von Macht kennengelernt hat: Sie wurde 1916 als Sirima Ratwatte geboren. Die ihrem Vornamen nachgestellte Silbe »vo« ist eine Respektsbezeugung, wie sie für eine Pionierin in einer politischen Führungsrolle durchaus angemessen ist.

Sirima war das älteste Kind einer einflussreichen Familie in der damals britisch beherrschten Kolonie Ceylon. Ab ihrem achten Lebensjahr besuchte sie ein Klosterinternat in der Hauptstadt Colombo, obwohl ihre Familie buddhistisch war. Im Jahr 1940 heiratete sie den Politiker Solomon West Ridgeway Dias Bandaranaike. Sie avancierte zur Vertrauten ihres Mannes, der auf ihren Rat hin 1951 die Sri Lanka Freedom Party gründete und 1956 zum Premierminister gewählt wurde. Sein Regierungsprogramm sah vor, Englisch durch Singhalesisch als Landessprache zu ersetzen und den Buddhismus zur Staatsreligion zu erheben. Die tamilischsprachige Hindu-Minderheit lehnte dies ab, was einen jahrzehntelangen erbitterten Konflikt auslöste.

Das Haus der Familie stand Besuchern stets offen; eines Tages, im September 1959, befand sich Sirima Bandaranaike im Garten, als sie einen Knall hörte. Sie eilte ins Haus und sah, dass ein buddhistischer Mönch auf ihren Mann geschossen und ihn tödlich verwundet hatte.

Die Führung der SLFP bat die Witwe, ihrem Mann nachzufolgen, damit kein Machtvakuum entstand. Zunächst weigerte sie sich, dann lenkte sie ein; für Trauer blieb kaum Zeit. Wenn Bandaranaike öffentlich verkündete, die Politik ihres verstorbenen Mannes fortzuführen, brach sie häufig in

Tränen aus. Die Presse spottete über die »weinende Witwe«. Ein Oppositionsmitglied äußerte, wenn sie die Wahl gewinne, müsse der Platz des Premierministers im Parlament einmal im Monat gereinigt werden – eine frauenfeindliche Stigmatisierung, die auf die Menstruation anspielte. Dennoch gewann Bandaranaike 1960 die Wahl und wurde die erste Premierministerin der Welt. Die Berichterstattung im Magazin *Time* war typisch für die sexistische Haltung der Weltpresse: »Die wirkliche Gefahr besteht darin, dass sie nicht die blasseste Ahnung davon hat, wie man eine Regierung führt. Sie behält sich die auf Männer zugeschnittenen Ministerien für Verteidigung und Außenpolitik vor.« Diese Einschätzung war voreilig: Bandaranaike entwickelte sich zur durchsetzungsfähigen Berufspolitikerin.

Sie verwirklichte das sozialistische Programm ihrer Partei, verstaatlichte Wirtschaftsunternehmen und machte Singhalesisch zur Amtssprache. Vor dem Hintergrund einer Wirtschaftskrise erlitt sie bei den Wahlen 1965 eine Niederlage. 1970 kehrte sie jedoch ins Premieramt zurück und setzte eine neue Verfassung in Kraft, die ein Präsidialsystem vorsah, das Land zu einer Republik machte und es in Sri Lanka umbenannte. 1980 beschuldigte das Parlament Bandaranaike des Machtmissbrauchs während ihrer Zeit als Premierministerin und verbot ihr sieben Jahre lang die Ausübung öffentlicher Ämter, während das Land in einen Bürgerkrieg versank. Später kehrte sie ins Parlament zurück und verhalf ihrer Tochter Chandrika Kumaratunga 1994 zum Sieg bei den Präsidentschaftswahlen. Unter der Präsidentschaft ihrer Tochter absolvierte sie ihre dritte Amtszeit als Premierministerin bis zu ihrem Rücktritt. Ihr Tod durch einen Herzinfarkt am Wahltag im Jahr 2000 markierte den Schlusspunkt einer politischen Karriere, die sich über vier Jahrzehnte erstreckte.

Jacinda Ardern

NEUSEELAND

Jacinda Ardern war nicht nur die jüngste Frau an der Spitze einer Regierung, als sie 2017 mit 37 Jahren zur Premierministerin von Neuseeland gewählt wurde, sondern auch die erste gewählte Regierungschefin der Welt, die in Elternzeit ging.

Jacinda Arderns Aufstieg zur Macht überraschte viele. Drei Monate vor ihrer Vereidigung war sie noch nicht einmal Vorsitzende ihrer Partei. Die 1980 geborene Politikerin wuchs im ländlichen Waikato, einer Region der Nordinsel Neuseelands, auf und sah sich während ihrer Highschoolzeit in der Rolle der »akzeptablen Streberin«, wie sie später sagte. Eine Tante, langjähriges Labour-Mitglied, lud sie ein, sich am Wahlkampf zu beteiligen. Jacinda organisierte bald den Einsatz von Freiwilligen und stieg zur gewieften Klinkenputzerin auf; sie wurde mit 17 Jahren Parteimitglied. Im Jahr 2005 verließ sie die Glaubensgemeinschaft der Mormonen wegen deren Haltung zu LGBTQIA+-Rechten.

Nach ihrem Abschluss in Kommunikationswissenschaften mit Schwerpunkt Politik und Öffentlichkeitsarbeit an der University of Waikato war Ardern in verschiedenen Funktionen in der Labour Party tätig, unter anderem als Beraterin von Helen Clark, der Premierministerin Neuseelands. Sie verbrachte einige Zeit in New York, wo sie in einer Suppenküche arbeitete, und anschließend in London als Mitarbeiterin im Kabinett des britischen Premierministers Tony Blair. Ab 2007 war sie vorübergehend Vorsitzende der Internationalen Union der Sozialistischen Jugend.

Nach der Rückkehr nach Neuseeland zog Jacinda bei den Wahlen 2008 als Listenkandidatin ins Parlament ein. Mit 28 Jahren war sie das jüngste Mitglied des Repräsentantenhauses und wurde Sprecherin für Jugendfragen.

Im Jahr 2017 war Labour in der Opposition und schnitt in den Umfragen schlecht ab, aber im Februar dieses Jahres erzielte Ardern einen Erdrutschsieg bei einer Nachwahl um das Direktmandat im Wahlkreis

Mt. Albert und wurde im März einstimmig zur stellvertretenden Vorsitzenden der Labour Party gewählt. Weniger als acht Wochen vor den Parlamentswahlen trat der Labour-Vorsitzende Andrew Little aufgrund der schlechten Umfragewerte seiner Partei zurück, allerdings erst, nachdem er Arderns Zusage für eine Kandidatur erhalten hatte. Sie wurde ohne Gegenstimmen gewählt und setzte sich im Wahlkampf für eine gebührenfreie Universitätsausbildung, eine Begrenzung der Einwanderung und neue Programme zur Bekämpfung der Kinderarmut ein.

Die Presse sprach angesichts von Arderns Popularität von »Jacindamania« und verglich sie mit Barack Obama. Die Partei verbesserte sich zwar in der Wählergunst, aber nicht genug, um zu gewinnen, und keines der politischen Lager erhielt eine Mehrheit. In schwierigen Verhandlungen versuchten die Parteien, eine Regierung zu bilden. Als »Königinnenmacher« fungierten die Partei »New Zealand First« und die Grünen, die sich als Koalitionspartner zur Verfügung stellten, und Ardern wurde Premierministerin Neuseelands.

Ardern war 2018 die zweite gewählte Regierungschefin der Welt (nach Benazir Bhutto in Pakistan), die während ihrer Amtszeit ein Kind bekam. Sie setzte neue Maßstäbe, indem sie sechs Wochen Elternzeit nahm und mitteilte, dass ihr Partner Hausmann sein würde.

Für ihre Reaktion auf die Terroranschläge in Christchurch 2019, bei denen 50 Menschen in zwei Moscheen getötet wurden, erhielt sie international Anerkennung. Der Umgang ihrer Regierung mit der COVID-19-Pandemie, bei der eine Übersterblichkeit wie in anderen Ländern vermieden werden konnte, soll entscheidend zum Labour-Wahlsieg im Jahr 2020 beigetragen haben. Im Jahr 2023 kündigte Ardern unerwartet ihren Rücktritt an und löste damit eine weltweite Diskussion über Burnout am Arbeitsplatz aus: »Ich gehe, weil eine so privilegierte Rolle auch Verantwortung mit sich bringt – die Verantwortung, zu wissen, wann man die richtige Person ist, um zu führen, aber auch, wann man es nicht mehr ist.«

Auf die Frage nach ihren Führungsqualitäten erklärte Ardern, dass ihr Hauptantrieb Empathie sei. »Wenn man all die großen Herausforderungen sieht, vor die uns die Welt stellt, ist das wahrscheinlich jene Eigenschaft, die wir am meisten benötigen.«

Ellen Johnson Sirleaf

LIBERIA

Ellen Johnson Sirleaf wurde 2005 zur ersten Präsidentin von Liberia gewählt und war damit die erste demokratisch gewählte Frau an der Spitze eines afrikanischen Staats.

Ein Besucher der Familie prophezeite der gerade geborenen Ellen eine große Zukunft: »Dieses Kind wird bedeutend werden.« Sie selbst glaubte zunächst nicht daran, dass sich diese Prognose erfüllen würde. Ellens Weg an die Spitze verlief langsam und war von großen Entbehrungen begleitet. Sie wurde 1938 in Monrovia, der Hauptstadt des westafrikanischen Staats Liberia, in ärmlichen Verhältnissen geboren. Ihre Eltern arbeiteten hart, um ihr eine bessere Zukunft zu ermöglichen.

Mit 17 Jahren heiratete Ellen James Sirleaf, einen jungen Diplomlandwirt, und sie bekamen in rascher Folge vier Söhne. Ellen arbeitete als Buchhalterin und kümmerte sich um die Familie. Als ihr Mann die Möglichkeit erhielt, in den USA ein Graduiertenstudium zu absolvieren, begleitete sie ihn und belegte Kurse in Buchhaltung. Nach ihrer Rückkehr nach Liberia schlug sie eine Laufbahn im Finanzministerium ein. Ellen Sirleaf trennte sich 1961 von ihrem Mann, dem sie später in ihrer Autobiografie häusliche Gewalt vorwarf. Bei einem Vorfall schlug ihr Mann mit dem Kolben seines Gewehrs auf sie ein, weil sie nicht für ihn gekocht hatte. Die Tatsache, dass die meisten ihrer Klassenkameraden Karriere machten, trug ebenfalls zu diesem radikalen Schritt bei: »Wenn ich an etwas glaubte, dann an das Potenzial, das in mir steckte.«

Sie kehrte zum Studium in die USA zurück, erwarb in Harvard einen Abschluss in Wirtschaftswissenschaften und machte einen Master in Öffentlicher Verwaltung. Zurück in Liberia wurde sie zur stellvertretenden Ministerin und später zur Finanzministerin in der Regierung von Präsident William Tolbert ernannt. Ihre Amtszeit endete 1980 mit dem Staatsstreich von Samuel K. Doe, der Liberia fortan als Militärdiktator regierte. Er ordnete die Hinrichtung von Präsident Tolbert und der meisten seiner Kabinettsmitglieder an. Johnson Sirleaf gehörte zu den vier Überlebenden. Schließlich floh sie in die USA, wo sie in leitenden Positionen bei der Weltbank und später bei der Citibank tätig war. Sie arbeitete auch im siebenköpfigen Ermittlerteam zum Völkermord in Ruanda.

Ellen Johnson Sirleaf kehrte nach Liberia zurück, um 1985 und 1997 für die Präsidentschaft zu kandidieren, wurde jedoch inhaftiert und ging erneut ins Exil in die USA, wo sie während des brutalen liberianischen Bürgerkriegs zwischen der Regierung Does und einer Rebellengruppe unter der Führung des Warlords Charles Taylor blieb. Nachdem Taylor 2003 das Land verlassen hatte, kehrte Ellen in ihre Heimat zurück, um die demokratischen Wahlen mit vorzubereiten. Anschließend kandidierte sie für das Präsidentenamt und gelangte 2005 als erste Frau in Afrika auf demokratischem Weg ins höchste Amt des Staates.

Liberia war zu einem der ärmsten Länder der Welt abgestiegen und litt unter hoher Arbeitslosigkeit. Als Präsidentin bemühte sich Ellen Johnson Sirleaf um einen Schuldenerlass und die Aufhebung der Handelssanktionen durch die internationale Gemeinschaft; Ende 2010 waren die Schulden Liberias getilgt. Sie führte das Recht auf kostenlose Grundschulbildung für alle ein und sicherte die Finanzierung einer neuen nationalen Universität. Im Jahr 2017 kündigte sie nach zwei Amtszeiten ihren Rücktritt an und erlebte den ersten demokratischen Machtwechsel in Liberia seit 73 Jahren. Im Jahr 2011 erhielt sie mit zwei weiteren Frauen aus Liberia und dem Jemen den Friedensnobelpreis für ihren gewaltlosen Kampf für die Sicherheit von Frauen und deren Recht auf uneingeschränkte Beteiligung an friedensfördernden Maßnahmen.

Şafak Pavey

TÜRKEI

2011 war Şafak Pavey die erste Frau mit einer körperlichen Einschränkung, die in die türkische Nationalversammlung gewählt wurde.

Şafak Pavey wurde 1976 in der türkischen Hauptstadt Ankara geboren. Nach eigenen Angaben wuchs sie in einer Familie auf, die sich stets »Gedanken darüber machte, wie die Mehrheit der Menschen mit Schwierigkeiten umgeht und sie bewältigt«. Şafaks Mutter war Journalistin und für ihre investigativen Berichte über Korruption und staatliche Gewalt bekannt. Şafak ging mit 19 Jahren zum Studium in die Schweiz. Dort erlebte sie den größten Einschnitt ihres Lebens. Am Bahnhof Zürich half sie einem Freund, der zu einer Chemotherapie unterwegs war, beim Einsteigen in den Zug. Dieser fuhr mit noch geöffneten Türen an, wobei Pavey rücklings zwischen Zug und Bahnsteig fiel. Sie verlor ihren linken Arm und ihr linkes Bein. Der Verlust beider Gliedmaßen auf derselben Seite beeinträchtigte ihr körperliches Gleichgewicht. »Wenn ich gefragt werde, warum ich berühmt bin, kommt mir meine Antwort immer seltsam vor: ›Weil ich einen Unfall hatte …‹ Aber jetzt ich bin viel stärker als alle, die noch nie in ihrem Leben gestürzt sind.«

Şafak Pavey musste zahlreiche Operationen und Behandlungen über sich ergehen lassen, die sie als »eine lange Krankenhausodyssee« beschreibt. Gemeinsam mit ihrer Mutter schrieb sie ein Buch über ihre Erfahrungen mit dem Titel *Bahnsteig Nummer 13*, das in der Türkei ein Bestseller wurde. Der Versuch, ihr Studium in Istanbul fortzusetzen, scheiterte an der mangelnden Barrierefreiheit der Stadt: »Wie bei anderen Menschen mit einer Einschränkung stimmten der Platz, den mir die Gesellschaft zuwies, und der Platz, der mir vorschwebte, nie überein.« Sie verließ die Türkei und schrieb sich an der University of Westminster in London ein, während sie gleichzeitig als freiberufliche Journalistin tätig war.

Pavey arbeitete später für die Vereinten Nationen und engagierte sich häufig in Konfliktgebieten als humanitäre Helferin. Sie erzählte, dass sie

die Akkus ihrer elektrischen Beinprothese mit einem selbst gebauten Windgenerator aufladen musste, dessen Teile von afghanischen Kindern aus alten sowjetischen Funkgeräten gesammelt wurden. Sie habe bewiesen, dass eine Behinderung kein Hindernis für die Feldarbeit am Ort sei, aber die Erfahrung beständiger Diskriminierung veranlasste sie, ein Beschäftigungsprogramm für UNO-Mitarbeiter mit einer Einschränkung zu entwickeln.

Im Jahr 2011 wurde sie von der Republikanischen Volkspartei aufgefordert, für das türkische Parlament zu kandidieren, und gewann einen Sitz in der Provinz Istanbul. Für sie war es der richtige Zeitpunkt für eine Kandidatur, weil die Meinungsfreiheit, die Rechte der Frauen und die Rechte von Minderheiten bedroht waren. Im Jahr 2012 arbeitete Şafak an einer parlamentarischen Untersuchung über die Geschlechtertrennung in Universitätswohnheimen mit, was dazu führte, dass Zeitungen sie als »unmoralische Frau« verleumdeten. Ein führendes Mitglied der Jugendorganisation einer politischen Partei schickte ihr einen Tweet, in dem es hieß: »Allah hat dir ein Bein genommen und du bist noch nicht aus dem Schlaf der Blasphemie erwacht.« Şafak Pavey schrieb einen offenen Brief an den Premierminister, in dem sie ihn aufforderte, den Mann von seinem Posten zu entfernen, was er auch tat. Sie sagte: »Dies ist die tief verwurzelte Form der Hassrede, mit der Millionen von behinderten Menschen in meinem Land täglich konfrontiert sind.«

Şafak schied 2017 aus gesundheitlichen Gründen aus dem Parlament aus. Über ihre Motivation sagte sie: »Viele Politikerinnen lassen sich durch das aggressive Verhalten von Männern einschüchtern. Ich nicht. Nicht, weil ich eine besonders mutige Person bin, sondern weil ich internationale Standards sehe und weiß, dass es sich lohnt, für sie zu kämpfen.«

Alexandria Ocasio-Cortez

USA

Alexandria Ocasio-Cortez war bei ihrer Wahl im Jahr 2019 mit 29 Jahren die jüngste Frau, die je in den Kongress der Vereinigten Staaten einzog.

Alexandria Ocasio-Cortez, oder AOC, wie sie auch kurz genannt wird, gehört im Zeitalter der sozialen Medien zu den bekanntesten Frauen in der amerikanischen Politik. Ihre weltweite Popularität und ihre Verbindung mit einer jungen, aktivistischen Generation trugen entscheidend zu diesem Erfolg bei. Im Jahr 1989 kam sie in der New Yorker Bronx als Kind einer puerto-ricanischen Familie zur Welt, die wegen der besseren Bildungsaussichten in einen Vorort umzog, als sie fünf Jahre alt war. Ocasio-Cortez erinnert sich daran, wie sehr sie der Kontrast zwischen dem Leben in ihrem neuen Viertel und ihrer früheren Umgebung beeindruckte. Sie war gut in der Schule und beschreibt sich selbst als ehrgeizige Schülerin mit Hang zu Naturwissenschaften.

Sie studierte an der Boston University Biochemie, wechselte aber in die Hauptfächer Wirtschaftswissenschaft und Internationale Beziehungen, nachdem ihr Vater unerwartet an Krebs gestorben war, ohne ein Testament zu hinterlassen. Ihre Mutter nahm einen Nebenjob als Busfahrerin an, und Alexandria arbeitete lange als Kellnerin und Barkeeperin, um ihre Familie bei der kostspieligen Regelung des väterlichen Nachlasses zu unterstützen. Zu erleben, wie ihre Mutter wegen der Anwaltskosten aus New York City wegziehen musste, weil das Haus der Familie auf dem Spiel stand, motivierte sie, in die Politik zu gehen. Sie absolvierte ein Praktikum im Büro des demokratischen Senators Edward Kennedy und lernte die Politik an der Basis, indem sie sich für die lateinamerikanische Jugend in der Bronx engagierte.

Sie arbeitete 2016 als Organisatorin für die Präsidentschaftskampagne von Bernie Sanders und nahm im selben Jahr an den Protesten in Standing Rock gegen den Bau der Dakota Access Pipeline teil. Sie sagte: »Ich erlebte mit, wie Unternehmen buchstäblich militarisiert wurden, um amerikanischen Bürgern, insbesondere den Ureinwohnern, körperlichen Schaden zuzufügen. Wir brauchten einen Wendepunkt.«

Eine Organisation zur Unterstützung von Kandidaten, die keine politischen Spenden aus der Wirtschaft annehmen, schlug ihr vor, sich um einen Sitz im Repräsentantenhaus zu bewerben. 2018 war Ocasio-Cortez die erste Kandidatin der Partei seit 14 Jahren, die den altgedienten Demokraten Joe Crowley bei den Vorwahlen herausforderte. Ihren Wahlkampf musste sie mit einem Zehntel des Spendenaufkommens für ihren etablierten Konkurrenten bestreiten. Alexandria startete eine Graswurzelkampagne, zu der auch ein eindrucksvolles Video gehörte. Insbesondere wegen des Satzes »Frauen wie ich sollten nicht für ein Amt kandidieren« zu Beginn ging es viral. Ocasio-Cortez lehnte Spenden von Unternehmen ab und verließ sich auf Kleinspender. Ihr Erfolg gegen Crowley sorgte für eine große Überraschung. Bei der Wahl für den Sitz im Repräsentantenhaus setzte sie sich gegen den Republikaner Anthony Pappas durch und wurde im Januar 2019 vereidigt.

Nach ihrer Wahl legte Ocasio-Cortez Gesetzentwürfe für einen »Green New Deal« vor, ein politisches Paket zur Senkung der CO_2-Emissionen bei gleichzeitiger Ankurbelung der Wirtschaft und der Schaffung von Arbeitsplätzen. Sie setzt sich weiterhin für soziale, rassische, wirtschaftliche und ökologische Gerechtigkeit ein und bleibt dabei Aktivistin. Als eine der Ersten forderte sie ein Amtsenthebungsverfahren gegen Präsident Donald Trump, nachdem dessen Anhänger am 6. Januar 2021 den Sturm aufs Kapitolgebäude angezettelt hatten.

Ein zweites Mandat schloss sich an, was Spekulationen über ihre zukünftigen politischen Ambitionen auslöste, aber sie sieht ein höheres Amt nicht unbedingt als ihr zentrales Ziel an. Sie erklärte: »Ich wache auf und frage mich, was ich am wirkungsvollsten tun kann, um die Macht der arbeitenden Menschen zu stärken und auszubauen.«

Katō Shizue

JAPAN

1946 wurde Katō Shizue als eine der ersten Frauen ins japanische Parlament gewählt.

Katō Shizue ist eine Pionierin der Geburtenkontrollbewegung. Sie sah ihre Berufung darin, Frauen die Kontrolle über ihre Familienplanung zu geben, anstatt sie die Folgen ungewollter Mutterschaft tragen zu lassen. Sie selbst wurde 1897 in Tokio in eine wohlhabende ehemalige Samurai-Familie hineingeboren. Ihr Vater arbeitete als Bergbauingenieur und ihre Mutter war auf einer Missionsschule mit westlichen Werten in Berührung gekommen.

Katō Shizue wurde an der exklusiven Gakushūin (eine private höhere Schule) unterrichtet. Als sie 17 Jahre alt war, hielt der Adlige Ishimoto Keikichi um ihre Hand an. Sie war offenbar alles andere als begeistert, aber nach einem Treffen willigte sie in die Ehe ein. Ihr Mann war ein christlicher Humanist, der sich für soziale Reformen interessierte, und gemeinsam zogen sie auf die Insel Kyūshū, wo er als Bergbauingenieur arbeitete. Shizue wurde mit einer für sie unbekannten Lebensweise konfrontiert. Ihr Zuhause war eine baufällige Hütte, und die Minenarbeiter lebten um sie herum unter entsetzlichen Bedingungen. Die Männer krochen nackt durch stickige, enge Gänge, während die Frauen, schwanger oder mit kleinen Kindern, »zappelten wie Würmer«, während sie Körbe mit Kohle schleppten. Viele Frauen mussten mehrere Schwangerschaften hintereinander verkraften, weil die Babys in großer Zahl starben. Katō Shizue und ihr Mann setzten sich für bessere Arbeitsbedingungen für die Menschen ein, die zwölf Stunden am Tag arbeiteten, nach denen die Frauen sich noch zu Hause um ihre großen Familien kümmern mussten.

Nach drei Jahren waren sowohl Katō Shizue als auch ihr Mann gesundheitlich zermürbt und reisten in die Vereinigten Staaten. Ihrem Mann zuliebe schrieb sie sich an einer Schule für Sekretärinnen ein, ein für eine Japanerin ihres familiären Hintergrunds höchst ungewöhnlicher Schritt.

Die Begegnung mit Margaret Sanger zu Beginn der 1920er-Jahre stellte einen Wendepunkt dar. Sanger war eine amerikanische Aktivistin, die ihr Leben in den Dienst der Legalisierung der Geburtenkontrolle und deren allgemeiner Verfügbarkeit stellte. Im folgenden Jahr kehrte Shizue nach Japan zurück und begann, sich für eine sichere Familienplanung und weitere Frauenrechte einzusetzen. Im Jahr 1932 gründete sie ein Beratungszentrum für Geburtenkontrolle, das eigenes Personal beschäftigte und den Frauen in Tokio Verhütungsmittel zur Verfügung stellte.

Das Militärregime in Japan stand Ideen zur Begrenzung des Bevölkerungswachstums in Japan äußerst ablehnend gegenüber. Im Dezember 1937 wurde Shizue wegen Verbreitung »gefährlicher Gedanken« verhaftet und verbrachte zwei Wochen im Gefängnis. Das Beratungszentrum wurde geschlossen, die Unterlagen wurden beschlagnahmt, wodurch die Geburtenkontrollbewegung in Japan bis zum Ende des Zweiten Weltkriegs vorübergehend zum Stillstand kam.

Shizues Mann änderte im Lauf der Zeit seine Haltung und erwartete von seiner Frau die Rückkehr zu einem traditionellen Rollenbild, während er zunehmend die Ziele des kaiserlichen Japan unterstützte. Sie ließ sich von ihm scheiden, brachte sich und ihre beiden Söhne mit Schriftstellerei durch und heiratete später den Sozialisten Kanju Katō. Nachdem die japanischen Frauen 1946 das Wahlrecht erhalten hatten, wurden sie und ihr Mann für die Sozialistische Partei Japans in das Unterhaus gewählt. Im Jahr 1950 errang sie ein Mandat im Oberhaus.

Neben der Förderung der reproduktiven Gesundheit von Frauen setzte sich Katō Shizue für die Abschaffung des feudalen Familienrechts ein, das ein von Männern dominiertes System unterstützte, und überzeugte die Regierung, die japanischen Ansprüche auf Korea zurückzunehmen. Sie blieb 28 Jahre im Amt und war bis zu ihrem 100. Lebensjahr, als sie ihre zweite Autobiografie veröffentlichte, im öffentlichen Leben aktiv. Im Jahr 2001 starb sie im Alter von 104 Jahren.

Angela Merkel

DEUTSCHLAND

2005 wurde Angela Merkel zur ersten Bundeskanzlerin von Deutschland gewählt.

Eine ihrer schwierigsten Entscheidungen als Bundeskanzlerin bestand darin, den richtigen Zeitpunkt zum Aufhören zu finden, meinte Angela Merkel einmal. Eine Formulierung, die mit ihrem typischen, zurückhaltenden Führungsstil korrespondiert. Dieser wird auf ihr Aufwachsen im kommunistischen Ostdeutschland zurückgeführt, wo die Bürger mit der Bespitzelung durch die Staatssicherheit leben mussten und wo jede oppositionelle Regung unterdrückt wurde. Wenige Wochen nach ihrer Geburt im Jahr 1954 zog die Familie in die 1949 gegründete DDR, weil ihrem Vater, einem lutherischen Theologiestudenten, dort eine Pastorenstelle angeboten worden war.

Angela schätzte Filme und Bücher, die aus dem Westen geschickt oder geschmuggelt wurden, und trug Jeans, die es im Osten nicht zu kaufen gab. Sie interessierte sich schon immer für Politik, hörte heimlich westdeutsche Rundfunksender und träumte davon, das britische Parlament in London zu besuchen. Sie entschied sich für ein Physikstudium, weil, wie sie es ausdrückte, in diesem Fach die Wahrheit nicht so leicht zu verbiegen sei. Sie studierte in Leipzig und heiratete ihren Kommilitonen Ulrich Merkel, ließ sich aber vier Jahre später scheiden. Als sie sich für eine Stelle an einer Ingenieurschule bewarb, wurde sie von einem Stasi-Offizier angesprochen, der sie anwerben wollte, aber sie lehnte ab, weil sie keine Geheimnisse für sich behalten könne.

Während der Wendezeit 1989 schloss sich Angela Merkel der Demokratiebewegung und der jungen Partei Demokratischer Aufbruch an. Als stellvertretende Sprecherin der letzten DDR-Regierung beeindruckte sie durch ihren besonnenen Umgang mit Journalisten. Im Zuge der Wiedervereinigung Deutschlands 1990 ging die kleine Partei, der Merkel angehörte, in der CDU auf. Die frischgebackene Politikerin wurde in den Bundestag gewählt. Der christdemokratische Kanzler Helmut Kohl erkannte ihr Potenzial und berief sie zur Ministerin, erst für Frauen und Jugend, dann für Umwelt, Naturschutz und Reaktorsicherheit.

Als die CDU-Spendenaffäre publik wurde, in die Helmut Kohl zutiefst verstrickt war, verlangte sie den Rücktritt ihres Förderers und übernahm im Jahr 2000 selbst den Vorsitz der CDU. Ihr Aufstieg als protestantische Frau an die Spitze einer von Männern dominierten, traditionell stark katholisch orientierten Partei kam für viele überraschend. Kritikern begegnete sie selbstbewusst und sagte: »Ich habe mich nie unterschätzt. Es ist nicht verkehrt, ehrgeizig zu sein.« Bei den Wahlen im Jahr 2005 gab es keinen klaren Sieger, aber Merkel setzte sich als Oppositionsführerin gegen Gerhard Schröder durch und wurde Kanzlerin einer Großen Koalition.

Nur wenige Jahre nach ihrem Amtsantritt erschütterte die Finanzkrise von 2008 die globalen Märkte und mündete in der europäischen Schuldenkrise, als mehrere Mitgliedstaaten der Eurozone die Zinslast für ihre Staatsverschuldung nicht mehr bedienen konnten. Merkels Krisenmanagement machte sie zur Hauptakteurin in Europa, aber ihr weitgehend auf Sparmaßnahmen basierender Ansatz löste heftige Kritik aus. Als 2015 der Bürgerkrieg in Syrien eskalierte und eine Flüchtlingswelle nach Europa auslöste, weigerte sich die Kanzlerin, die deutschen Grenzen zu schließen. Sie sagte: »Ich möchte, dass Europa diese gesellschaftliche, ökonomische, kulturelle und moralische Bewährungsprobe besteht.« Sie warnte vor einem Scheitern der Union.

Merkel absolvierte vier Amtszeiten als Bundeskanzlerin und kündigte 2019 ihren Rückzug aus der Politik an. Mit ihrem pragmatischen Führungsstil, der sie 16 Jahre lang an der Spitze der mächtigsten Volkswirtschaft des Kontinents hielt, hat sie Deutschland durch zahlreiche Krisen gesteuert.

Vijaya Lakshmi Pandit

INDIEN

1937 war Vijaya Lakshmi Pandit die erste Frau, die im Indien der Kolonialzeit ein Kabinettsamt übernahm.

Warum wird sie nach ausländischen Vorstellungen ausgebildet und bekommt so viele Freiheiten? Willst du aus ihr eine Anwältin nach deinem Vorbild machen?«, kritisierte ein Freund den Vater von Vijaya Lakshmi Pandit. Nach ihrer Geburt 1900 in Allahabad wuchs das Mädchen im Klima eines politisch aktiven Elternhauses zu einer aufgeweckten jungen Frau heran. Ihr Vater, ein Jurist und Politiker, der während des Unabhängigkeitskampfes Präsident des Indischen Nationalkongresses, der politischen Partei der Unabhängigkeitsbewegung, werden sollte, fand im Gegensatz zu seinem Freund, dass seiner Tochter das Jurastudium selbstverständlich offenstehe. Die Mutter war eine Verfechterin des zivilen Ungehorsams gegen das britische Raj-System, indem sie Frauen dazu ermutigte, entgegen den britischen Gesetzen Salz zu gewinnen (die Produktion und der Vertrieb waren von den Briten monopolisiert und mit einer hohen Steuer belegt). Vijaya Lakshmis älterer Bruder, Pandit Jawaharlal Nehru, sollte der erste Premierminister Indiens werden. Zum großen Haushalt gehörte auch die erweiterte Familie, darunter ihre Nichte Indira Gandhi, die später ebenfalls Premierministerin werden sollte.

Vijaya Lakshmi wurde zusammen mit ihren Brüdern von einer englischen Gouvernante unterrichtet, doch als die nationalistische Bewegung an Schwung gewann, boykottierte die Familie die britische Erziehung. Mit 19 erhielt die junge Frau den Heiratsantrag eines jungen Anwalts namens Ranjit Sitaram Pandit, aber »ich wusste nicht, was ich sagen sollte«, erinnert sie sich, »ich kannte ihn erst seit drei Tagen«. Dennoch nahm sie den Antrag an, und Mahatma Gandhi, ein enger Freund der Familie, segnete das Paar nach der Heirat.

Die Kongresspartei entwickelte sich zunehmend zur Lebensaufgabe der Familie. Auch Vijaya Lakshmi beteiligte sich, sie organisierte und

führte Protestmärsche an und hielt flammende Reden, was zu ihrer Verhaftung und einer Verurteilung zu einem Jahr Gefängnis führte, als ihr drittes Kind drei Jahre alt war. Im Jahr 1937 gewann ihre Partei die Wahl zur gesetzgebenden Versammlung für die Vereinigten Provinzen und sie wurde zur Ministerin für lokale Selbstverwaltung und öffentliche Gesundheit ernannt. Im Bewusstsein um die beschränkten Möglichkeiten des Gesundheitsministeriums setzte sich Vijaya Lakshmi für die Verbesserung der Gesundheitsversorgung von Frauen ein, indem sie Programme für sauberes Trinkwasser, Milch für Kinder und Spielplätze in ganz Indien ins Leben rief.

1939 trat sie gemeinsam mit Parteifreunden zurück, um gegen die Einbeziehung Britisch-Indiens in den Zweiten Weltkrieg zu protestieren. 1942 wurde sie zusammen mit ihrem Ehemann und Kollegen erneut inhaftiert, weil sie eine Resolution verfasst hatten, in der die Briten zum Verlassen Indiens aufgefordert wurden. Der Gesundheitszustand ihres Mannes verschlechterte sich im Gefängnis und er starb kurz nach seiner Entlassung. Nach indischem Recht, das männliche Verwandte begünstigte, stand ihr als Witwe kein Erbteil zu. Bei den ersten indischen Wahlen machte ihr Bruder, Premierminister Nehru, das Erbrecht für Frauen zu einem der Hauptthemen.

Nach der Unabhängigkeit schlug Vijaya Lakshmi Pandit eine erfolgreiche diplomatische Karriere ein. Sie war indische Botschafterin in der Sowjetunion, in den USA und Mexiko und 1953 die erste Präsidentin der Generalversammlung der Vereinten Nationen. Sie kehrte aus dem politischen Ruhestand zurück und stellte sich ihrer Nichte, der Premierministerin Indira Gandhi, entgegen, als diese von 1975 bis 1977 den Ausnahmezustand ausrief und den Rechtsstaat faktisch aufhob. Die folgenden Wahlen verlor Indira Gandhi; angeblich hat sie ihrer Tante nie verziehen.

Als Vijaya Lakshmi Pandit 1990 im Alter von 90 Jahren starb, bezeichnete der indische Präsident Ramaswamy Venkataraman sie als »leuchtenden Strang im Gewebe des indischen Freiheitskampfes«.

Agathe Uwilingiyimana

RUANDA

1993 war Agathe Uwilingiyimana die erste Premierministerin von Ruanda.

Während der Kindheit von Agathe Uwilingiyimana war die politische Lage in Ruanda selten ruhig. Die belgische Kolonialherrschaft hatte die ethnische Spaltung zwischen der Mehrheit der Hutu und der Minderheit der Tutsi nur überdeckt, aber nicht gelöst. Agathe wurde 1953 in Nyaruhengeri, einem Dorf in der Provinz Butare, geboren. Sie ging jeden Tag zwei Stunden zu Fuß, um die Grundschule zu besuchen, wo sie durch gute Leistungen auffiel. Ihr Bruder ging arbeiten, um ihr den Besuch einer katholischen Mädchenschule in der Hauptstadt Kigali zu ermöglichen. Sie gehörte zu den ersten Frauen, die an der Universität von Ruanda einen Bachelor-Abschluss in Chemie erwarben. Im Jahr 1976 heiratete sie einen Klassenkameraden und bekam im Jahr darauf das erste von fünf Kindern.

Uwilingiyimana unterrichtete Mathematik und Naturwissenschaften an höheren Schulen und machte sich einen Namen, indem sie eine Kreditgenossenschaft für das Schulpersonal gründete. Die Regierung suchte nach einflussreichen lokalen Führungskräften aus dem unruhigen Süden Ruandas, und 1989 wurde sie auf einen Posten als Direktorin für kleine und mittlere Unternehmen im Handelsministerium berufen. 1990 marschierte die Ruandische Patriotische Front (RPF), bei der es sich überwiegend um Tutsi-Flüchtlinge handelte, von Uganda aus in Ruanda ein, und das Land wurde in einen Bürgerkrieg gestürzt. Im Januar 1992 trat Agathe dem gemäßigten Mouvement démocratique républicain (MDR) bei und wurde vier Monate später zur Bildungsministerin ernannt. Ihr unbedingtes Festhalten an der Chancengleichheit im Bildungswesen, unabhängig von der ethnischen Zugehörigkeit, nahm keine Rücksicht auf den Status quo und trug ihr so viel Feindschaft wie Anerkennung ein. Ihr MDR-Parteifreund Jean Marie Vianney Uwihanganye sagte: »Als sehr eloquente Rednerin hatte Agathe eine ganz besondere Art, ihren Standpunkt zu vermitteln, was sie bei den Massen beliebt machte.«

Die MDR organisierte Wahlen für die strategisch wichtige Provinz Butare, bei denen Uwilingiyimana ihren Konkurrenten Jean Kambanda mit 300 zu 50 Stimmen schlug. Agathes Anhänger behaupteten, dass Kambandas Verachtung ihr gegenüber auf diese Niederlage zurückzuführen sei. Später sollte sich Kambanda, der 1994 Premierminister wurde, des Völkermords schuldig bekennen. Es war eine äußerst gefährliche Zeit für eine Frau in der Regierung, und Uwilingiyimana wurde mehrfach in ihrem Haus angegriffen, unter anderem im April 1993, als Angreifer in ihr Haus einbrachen, sie misshandelten und sie vergewaltigten.

Nach einem vorläufigen Friedensabkommen im Juli 1993 kam es zu einem Treffen zwischen dem Präsidenten und den Oppositionsparteien, bei dem eine Machtteilung vereinbart wurde. Man einigte sich auf Uwilingiyimana als Premierministerin, aber politische Querelen führten dazu, dass sie nach weniger als einem Monat aus diesem Amt entlassen wurde, obwohl sie es weiterhin kommissarisch verwaltete, solange es keine klare Lösung gab. Im April 1994 stürzte das Flugzeug des Präsidenten unter verdächtigen Umständen ab, und radikale Hutu nahmen dies zum Anlass, Tutsi und gemäßigte Hutu anzugreifen. Uwilingiyimana rief zur Ruhe auf, aber Hutu-Milizen hatten bereits ihr Haus umstellt.

Agathe Uwilingiyimana wurde am 7. April 1994 getötet und ihr Leichnam geschändet. Mit ihr starben ihr Ehemann, ein Helfer und zehn belgische UNO-Friedenssoldaten, die sie bewachen sollten. Ihr Tod ebnete den Hutu-Extremisten den Weg zur Übernahme der Regierung und zum Völkermord an den Tutsi sowie zur blutigen Rache an Mitgliedern der Oppositionsparteien, Menschenrechtsaktivisten und Journalisten. Schätzungsweise eine halbe bis eine Million Ruander wurden im Verlauf von rund 100 Tagen massakriert. Agathe Uwilingiyimanas Kinder konnten mithilfe eines UNO-Friedenssoldaten fliehen und wuchsen in der Schweiz bei Pflegeeltern auf. Ihre ermordete Mutter gilt als bahnbrechende Politikerin und als Persönlichkeit, die in einer Spirale ethnischer Konflikte zu vermitteln versuchte, die dennoch in unsagbare Gewalt mündete.

Mary Robinson

IRLAND

Mary Robinson wurde 1990 zur ersten Präsidentin von Irland gewählt.

Mary Bourke wurde 1944 geboren und wuchs als einziges Mädchen unter fünf Geschwistern auf. Später erklärte sie, dass zwei Einflüsse entscheidend für das Entstehen ihres Gerechtigkeitssinns waren: ihr Großvater, der Anwalt war, und die Tatsache, dass sie »zwischen vier Brüdern eingezwängt« war. Gleichberechtigung war in der Familie kein Thema. Robinson erinnert sich, dass ihr Großvater, nachdem sie beim Klettern auf einen Baum erwischt wurde, rief: »Du kommst ins Internat, so wirst du keine junge Dame.« Mary besuchte daraufhin ein katholisches Mädchenpensionat und spielte mit dem Gedanken, in einen Orden einzutreten. Nachdem sie das Klosterleben verworfen hatte, studierte sie am Trinity College in Dublin Jura – wofür sie wegen der protestantischen Tradition der Studieneinrichtung einen erzbischöflichen Dispens benötigte. Sie schloss ihr Studium mit Auszeichnung ab und absolvierte einen Masterstudiengang in Harvard. Der Vietnamkrieg und die Proteste dagegen brachten – wie sie sagte – alle Werte ins Wanken, mit denen sie aufgewachsen war.

Sie wurde 1967 an die Spitze der Dublin University Law Society berufen und setzte sich in ihrer kämpferischen Antrittsrede für die Legalisierung von Scheidung, Empfängnisverhütung und Homosexualität sowie für die Stärkung der Rechte von Frauen und Kindern ein. Sie wurde 1967 als Anwältin zugelassen und 1968 als jüngste Jura-Professorin ans Trinity College berufen. Ihre Eltern widersetzten sich der Hochzeit mit einem protestantischen Mann, Nicholas Robinson, versöhnten sich nach einigen Monaten aber wieder mit ihrer Tochter.

Im irischen Seanad (Oberhaus des Parlaments) haben die Universitäten sechs Sitze. Im Wahlkreis der Universität Dublin wurde Mary 1969 als Unabhängige gewählt und hatte diesen Sitz 20 Jahre lang inne. 1976 trat sie

in die irische Labour Party ein. Aufgrund von Meinungsverschiedenheiten über das Anglo-Irische Abkommen von 1985, das sowohl der Republik Irland als auch den nordirischen Protestanten eine Mitsprache im Friedensprozess garantieren sollte, verließ sie die Partei jedoch wieder. Zweimal kandidierte sie erfolglos für ein Parlamentsmandat und trat schließlich 1990 für die Labour Party als Präsidentschaftskandidatin an. Bei ihrer Aufstellung sagte sie, sie werde ein Wochenende darüber nachdenken und die Zeit nutzen, um sich mit der irischen Verfassung zu befassen. Obwohl das Amt nicht politisch sei, sei sie überzeugt, dass sie, da die Präsidentin vom Volk gewählt werde, in der Lage sei, sich für »all die Dinge, die wichtig sind«, einzusetzen und »den Menschen nahe zu sein«.

Mary Robinson wurde 1990 zur Präsidentin gewählt und war sieben Jahre lang im Amt. Sie sagte: »So viele Frauen haben am Tag meiner Amtseinführung geweint, weil eine von ihnen Präsidentin werden konnte.« Eine Anekdote unterstreicht den historischen Charakter dieses Wendepunkts in der Geschichte des Landes: Robinsons Chauffeur erzählte ihr, wie er seine Frau gebeten hatte, ihm eine Tasse Tee zu kochen, und sie ihm antwortete: »Mach dir deinen Tee selbst, hier ist jetzt eine neue Zeit angebrochen.«

Robinsons Amtszeit stand im Zeichen der Versöhnung zwischen den Konfessionen, von humanitären Fragen und der Gleichberechtigung. Sie war das erste irische Staatsoberhaupt, das Großbritannien offizielle Besuche abstattete, und besuchte auch regelmäßig Nordirland. Sie nutzte ihre Stellung, um für legale Verhütungsmittel einzutreten, obwohl sie sich damit Feinde machte. Ein Bischof prangerte ihre Haltung von der Kanzel in ihrer Heimatstadt an, während ihre Eltern am Gottesdienst teilnahmen.

1997 trat Mary Robinson von ihrem Amt als Präsidentin zurück, um Hochkommissarin der Vereinten Nationen für Menschenrechte zu werden. Inzwischen hat sie eine eigene Stiftung für Klimagerechtigkeit begründet und ist außerordentliche Professorin für Klimagerechtigkeit am Trinity College Dublin.

Vigdís Finnbogadóttir

ISLAND

Als Vigdís Finnbogadóttir 1980 isländische Präsidentin wurde, war sie das erste gewählte weibliche Staatsoberhaupt eines Landes überhaupt.

Die 1930 in Reykjavík geborene spätere Präsidentin von Island ordnet ihre historische Rolle selbst so ein: »Ich höre es immer wieder: Das hätte alles verändert. Die Frauen dachten, wenn sie es kann, kann ich es auch.« Nach eigener Aussage hatte sie nie mit ihrem Sieg gerechnet. Das Fundament ihres Erfolgs wurde im Elternhaus gelegt: Ihre Mutter war Krankenschwester und jahrzehntelang Vorsitzende der isländischen Krankenschwesternvereinigung, ihr Vater war Bauingenieur und später Universitätsprofessor.

Nach dem Gymnasialabschluss in Reykjavík 1949 mit dem Schwerpunkt Sprachen ging Vigdís zum Studium nach Frankreich und Dänemark und kehrte an die Universität von Island zurück, wo sie später Französisch und Theaterwissenschaft unterrichtete. Sie heiratete 1954, ließ sich aber nach einigen Jahren wieder scheiden.

Vigdís Finnbogadóttir war Mitbegründerin der ersten experimentellen Theatergruppe in Island, arbeitete gleichzeitig als Reiseleiterin und etablierte den »Kulturtourismus«, indem sie bei ausländischen Journalisten und Filmemachern für Island warb. Von 1971 bis 1972 präsentierte sie Französischunterricht und Theateraufführungen im Fernsehen, was ihr landesweite Bekanntheit einbrachte. Zu dieser Zeit adoptierte sie als erste alleinstehende Frau in Island eine Tochter, ein bewusster Bruch mit tradierten Rollenbildern. Ab 1972 leitete Finnbogadóttir eine Reykjavíker Theatertruppe und engagierte sich als Mitglied im Rat für Kulturangelegenheiten in den nordischen Ländern, dessen Vorsitz sie 1978 übernahm.

Das isländische Staatsoberhaupt hat rein repräsentative Funktionen und wird vom Volk für eine Amtszeit von vier Jahren gewählt. Die Präsidentschaftswahlen im Jahr 1980 fanden vor dem Hintergrund einer erstarkenden Frauenbewegung statt. Im Jahr 1975 streikten die isländischen

Frauen einen Tag lang und weigerten sich, zu kochen und Kinder zu betreuen. In Reykjavík schlossen sich 90 Prozent der Frauen dem zentralen Protestmarsch an, sodass Banken, Fabriken und Geschäfte, aber auch Schulen und Kindergärten geschlossen blieben. Viele Väter nahmen ihre Kinder mit zur Arbeit, da ihnen keine andere Möglichkeit blieb. Finnbogadóttir sagte über diesen historischen Tag: »Er hat das Land völlig lahmgelegt und vielen Männern die Augen geöffnet.«

Der erste Aufruf zu ihrer Kandidatur erfolgte in einem Leserbrief in einer isländischen Zeitung. Eine Hausfrau aus Reykjavík erklärte, eine Gruppe von Frauen sei zu dem Schluss gekommen, dass Finnbogadóttir kandidieren solle. Diese lehnte zunächst ab, ließ sich dann aber durch die Unterstützung aus dem ganzen Land umstimmen. Der Wahlkampf stieß landesweit auf großes Interesse, die Wahlbeteiligung lag bei 90,5 Prozent. Vigdís Finnbogadóttir gewann mit 33,6 Prozent der Stimmen und setzte sich damit knapp gegen ihre drei männlichen Mitbewerber durch. Als sich eine große Menschenmenge vor ihrem Haus versammelte, um ihr zu gratulieren, erschien die designierte Präsidentin in einem handgestrickten Kleid, das ihr eine Unterstützerin während des Wahlkampfs geschenkt hatte und der Finnbogadóttir versprochen hatte, es im Fall eines Sieges zu tragen.

Dank ihrer wachsenden Popularität blieb Vigdís Finnbogadóttir vier aufeinanderfolgende Amtszeiten, insgesamt 16 Jahre lang, Präsidentin. Im Jahr 1995 kündigte sie an, 1996 nicht mehr erneut zu kandidieren. Sie setzte sich für die Umwelt, die nationale Kultur und die Gleichstellung von Frauen und Mädchen ein. Nach ihrem Ausscheiden aus dem höchsten Staatsamt wurde sie Gründungsvorsitzende des Council of Women World Leaders.

Swetlana Tichanowskaja

BELARUS

Swetlana Tichanowskaja verlor zwar 2020 die belarussische Präsidentschaftswahl, erhielt aber deutlich mehr Stimmen, als offiziell zugegeben wurde, und gilt daher als »gewählte Präsidentin«.

Swetlana Tichanowskajas Einstieg in die Politik war unfreiwillig, aber aufsehenerregend. Ihr Mann wurde inhaftiert, als er 2020 versuchte, für das Präsidentenamt zu kandidieren, daher nahm sie seinen Platz ein. Der autoritäre Staatschef Alexander Lukaschenko ist seit 1994 an der Macht und wird als der letzte Diktator Europas bezeichnet. Swetlana erklärte, die Mauer der Angst, die Weißrussland umfing, sei verschwunden und »alles hat sich verändert, wir werden gewinnen«.

Swetlana wurde 1982 geboren, als Weißrussland noch Teil der Sowjetunion war, und wuchs in einer Stadt im Süden des Landes auf, die vom Granitabbau lebte. »Wie in jeder Familie sprachen wir über Politik. Aber in der Küche, flüsternd, damit niemand es hören konnte.« Sie besuchte die Hochschule, um Englischlehrerin zu werden, und lernte ihren späteren Mann Sergej Tichanowski in dem Nachtclub kennen, der ihm gehörte. Ihr erstes Kind war fast völlig taub, deshalb gab sie für seine Betreuung ihre Arbeit auf und zog mit der Familie in die Hauptstadt Minsk, damit ihm ein Cochlea-Implantat eingesetzt werden konnte. Sie verbrachte acht Jahre damit, ihr Kind zu unterrichten, damit es mit seinen Altersgenossen mithalten konnte, und plante, anschließend in ihren Beruf zurückzukehren.

Als die COVID-19-Pandemie ausbrach, verhöhnte Präsident Lukaschenko seine Bürger, weil sie Angst hatten, und unterließ es, Schutzmaßnahmen zu ergreifen. Swetlanas Ehemann war ein beliebter Vlogger, der durch das Land reiste und Menschen interviewte, die ihren Frust über das Regime loswerden wollten. Aufgrund seines Bekanntheitsgrads kündigte er seine Kandidatur bei der Präsidentschaftswahl an. Als die Wahlkommission seine Bewerbung ablehnte, stellte sich Swetlana aus Protest selbst zur Wahl. Ihr Mann übernahm die Leitung des Wahlkampfs, wurde aller-

dings nach zwei Wochen festgenommen (und 2021 zu 18 Jahren Haft verurteilt). Tichanowskaja führte ein Team von drei Frauen – sie selbst, Marija Kolesnikowa, die Wahlkampfleiterin eines weiteren inhaftierten Kandidaten, und Veronika Tsepkalo, die Ehefrau eines Kandidaten, der ins Exil vertrieben worden war. Das Trio wurde durch eine Power-Pose bekannt, bei der es ein Herz, eine Power-Faust und ein Friedenszeichen zeigte.

Präsident Lukaschenko behauptete, dass er sich von der Herausforderin nicht bedroht fühlte: »Unsere Verfassung wurde nicht für eine Frau geschrieben, und unsere Gesellschaft ist nicht bereit, eine Frau zu wählen.« Trotz ihrer mangelnden Erfahrung war Tichanowskaja eine überzeugende Rednerin, die Zehntausende von Anhängern zu ihren Kundgebungen lockte. Ihr Wahlversprechen lautete, politische Gefangene freizulassen und nach sechs Monaten zurückzutreten, um eine neue, freie Präsidentschaftswahl abzuhalten. In dem Maße, wie ihre Popularität wuchs, nahm auch die Gefahr für sie persönlich zu: Telefonisch drohte man ihr, ihre Kinder in ein Waisenhaus zu stecken und sie ins Gefängnis zu schicken. Sie sagte, sie habe Angst, weiterzumachen, aber sie beschloss: »Es muss ein Symbol für die Freiheit geben.«

Am Wahltag waren ihre Unterstützer siegessicher, doch Lukaschenko ließ bekanntgeben, dass er mehr als 80 Prozent der Stimmen erhalten hatte. Bei spontanen Demonstrationen setzte die Bereitschaftspolizei Tränengas ein und verprügelte die Protestierenden. Am nächsten Tag legte Swetlana Tichanowskaja Widerspruch gegen das Ergebnis ein, woraufhin Lukaschenkos Sicherheitschef sie festnahm und sie vor die Wahl stellte, ins Gefängnis zu gehen oder das Land zu verlassen. Sie wurde nach Litauen verbannt, während Zehntausende von Menschen in Haft kamen. Berichten zufolge wurden Gefangene geschlagen, mit Stromschlägen gefoltert und getötet oder vergewaltigt.

Swetlana Tichanowskaja bereiste zahlreiche Länder, um dort um Unterstützung für ein freies Belarus zu werben. Sie bezeichnet sich selbst als »nationale, gewählte Präsidentin« mit dem Ziel, ein neues Land aufzubauen.

Rose Lomathinda Chibambo

MALAWI

1964 übernahm Rose Lomathinda Chibambo als erste Frau in Malawi das Amt einer Kabinettsministerin.

Lomathinda Ziba verbrachte ihre Jugend im damaligen Njassaland, das nach Unabhängigkeit von der kolonialen Herrschaft strebte. Das ostafrikanische Land war ein britisches Protektorat, das von einem weißen Gouverneur verwaltet wurde, der von der britischen Regierung ernannt war und dem Kolonialamt unterstand. Rose wurde 1928 geboren; der Name Lomathinda bedeutet »dem Grab entrissen«, ein passender Name für jemanden, der allen Widrigkeiten trotzt.

Ihr Ehemann, Edwin Chibambo, bezeichnete sie als »meine Rose«, woraufhin sie den Namen als ihren eigenen annahm. Sie heirateten 1947, und während sie mit ihrem ersten Kind schwanger war, beendete Rose ihre Grundschulausbildung in der Abendschule. Sie bemerkte, dass ihr Mann spät von der Arbeit nach Hause kam und stellte fest, dass er an Sitzungen teilnahm, in denen über die Unabhängigkeit des Landes diskutiert wurde. Deren Ziel war es, zu verhindern, dass das Land in eine Föderation mit Rhodesien gezwungen und weiterhin unter einem britischen Generalgouverneur stehen würde. Als Rose ihren Mann fragte, ob sie ihn begleiten könne, sagte er, er habe noch nie eine Frau bei den Treffen gesehen, aber sie sei seiner Meinung nach sehr willkommen. »Anstatt allein zu den Männern zu gehen, wollte ich mit anderen Frauen sprechen. Dann ging ich herum und mobilisierte andere Frauen.« Chibambo organisierte Proteste zu Themen, die Frauen betrafen, aber ihre Bewegung konnte nicht verhindern, dass 1953 die erzwungene Föderation mit Rhodesien verwirklicht wurde.

Roses Ehemann wurde als Beamter in jenem Jahr in die Hauptstadt Blantyre versetzt, was Rose zufolge bezweckte, ihre »Wühlarbeit« zu unterdrücken. Dort schloss sie sich jedoch dem lokalen Zweig des Nyasaland African Congress (NAC) an, wurde Schatzmeisterin und gründete den

Frauenflügel der Bewegung. Die Spannungen nahmen zu, als der NAC-Führer Hastings Kamuzu Banda durch das Land reiste und für die Unabhängigkeit warb. Als Reaktion auf die dadurch ausgelösten Unruhen verhängte der Generalgouverneur den Ausnahmezustand, ordnete die Verhaftung der meisten NAC-Führer und das Verbot der Partei an. Rose Lomathinda Chibambo wurde nicht sofort verhaftet, da sie mit ihrem fünften Kind hochschwanger war, aber zwei Tage nach der Entbindung wurde sie vom Krankenhaus in ein Hochsicherheitsgefängnis gebracht. Sie blieb mit ihrem Baby 13 Monate lang im Gefängnis und wurde erst entlassen, als 1961 die Verhandlungen über die Unabhängigkeit begannen. 1964 wurden schließlich Wahlen abgehalten, und Chibambo wurde als einzige Frau ins Parlament gewählt und zur Ministerin für kommunale und soziale Entwicklung berufen.

Die Euphorie über die Unabhängigkeit war nur von kurzer Dauer. Präsident Banda traf Entscheidungen, die im Widerspruch zu den Zielen seiner ehemaligen Mitstreiter standen, darunter ein Bündnis mit dem Apartheidsstaat Südafrika und die Anerkennung Portugals als »Besitzer« von Mosambik. Unter dem Druck seiner Minister stellte Banda die Vertrauensfrage und überstand die Abstimmung. Rose Lomathinda Chibambo stimmte gegen ihn und erfuhr im Rundfunk von ihrer Entlassung. Als sie sich im Parlament zur Wehr setzte, erhielt sie keine Unterstützung und floh mit ihrem Mann nach Sambia. Sie blieb 30 Jahre lang im Exil, getrennt von einigen ihrer Kinder.

Rose kehrte erst zurück, als Banda in demokratischen Neuwahlen abgelöst wurde. Sie arbeitete in der Wirtschaft und unterstützte die große Zahl von HIV-positiven Malawiern. Rose litt darunter, dass ihr Land nicht die Opfer anerkannte, die sie für die Unabhängigkeit gebracht hatte, aber 2012, vier Jahre vor ihrem Tod, wurde sie im Alter von 84 Jahren mit einem Porträt auf der 200-Kwacha-Banknote gewürdigt.

Massuda Jalal

AFGHANISTAN

2002 kandidierte Massuda Jalal als erste Frau für das afghanische Präsidentenamt.

Dr. Massuda Jalal wurde 1964 geboren. Schon als Kind, sagt sie, habe sie am Status quo gerüttelt: »Ich hatte nie das Gefühl, dass mir als Mädchen oder Frau Fähigkeiten fehlten, niemals! Ich hatte drei Brüder, aber ich war meistens besser als sie.« Ungeachtet der verbreiteten Geringschätzung von Frauen besuchte sie die Universität Kabul und studierte Medizin, nachdem sie bei der nationalen Hochschulaufnahmeprüfung in Afghanistan die zweitbeste Punktzahl erzielt hatte.

Jalal begann ihre berufliche Laufbahn in einer Klinik für psychische Erkrankungen, die jedoch geschlossen wurde, als das Land nach dem Ende der sowjetischen Besatzung 1989 in einen Bürgerkrieg stürzte. Sie wechselte ans Krankenhaus für Kinderheilkunde in Kabul und lehrte an der medizinischen Fakultät der Universität. Die Machtübernahme durch die Taliban im Jahr 1996 zog die Unterdrückung der Ausbildung und Beschäftigung von Frauen nach sich. Frauen mussten voll verschleiert sein und durften sich nicht allein im Freien aufhalten. Massuda Jalal konnte ihr Haus nicht mehr verlassen: »Es wurde einfach verkündet. Wir hatten keine Wahl.« Sie praktizierte von zu Hause aus als Ärztin und begann, für die Frauenabteilung des Welternährungsprogramms der Vereinten Nationen zu arbeiten. Sie gründete Bäckereien für Witwen, die kein Einkommen hatten, und setzte sich für die Bildung von Mädchen ein, was sie regelmäßig in Konflikt mit den Taliban brachte, die sie verhafteten. Dank der Intervention der UNO wurde sie freigelassen. Trotz ihrer prekären Lage blieb sie in Afghanistan. »Die ganze Zeit über erhielt ich Drohungen«, sagt sie über diese sehr schwere Zeit.

Nach dem Sturz der Taliban im Jahr 2001 entwickelte sich Jalal zu einer führenden Stimme der Frauen in der afghanischen Gesellschaft und gewann als Vertreterin ihres Kabuler Viertels einen Sitz in der 2002 einbe-

rufenen Loja Dschirga (»Großer Rat«) von Afghanistan. Angesichts des Lebens, das man bis vor Kurzem den Frauen im Land zugemutet hatte, wirkte ihre Kandidatur als Interimspräsidentin wie ein Fanal. Es war das erste Mal, dass eine Frau kandidierte: »Nach 5000 Jahren war ich die Erste.« Massuda Jalal kandidierte als Unabhängige gegen den von den USA unterstützten Favoriten Hamid Karzai, der die Milizen hinter sich versammeln konnte. Sie sagte, sie wolle sich für die Menschen einsetzen, die unter dem jahrelangen Krieg gelitten hätten: »Sie brauchen jemanden, der ihnen Freundlichkeit, Liebe und Mitgefühl entgegenbringt, der ihnen Vertrauen und Zuversicht schenkt und ihre Wunden behandelt, der ihnen das Leben erleichtert, der den Menschen hilft und ehrlich zu ihnen ist.« Hinter Karzai, der mit 1295 Stimmen gewählt wurde, kam sie mit 171 Stimmen auf Rang zwei.

Sie setzte sich dafür ein, dass bei der Ausarbeitung der afghanischen Verfassung im Jahr 2003 die Menschenrechte und die Rechte der Frauen berücksichtigt wurden. Im Jahr 2004 kandidierte sie erneut für das Präsidentenamt, und ihr Wahlkampf wurde in dem Dokumentarfilm *Frontrunner* festgehalten. Sie wurde Sechste und übernahm das Amt der Ministerin für Frauenfragen in Karzais Regierung.

Nach ihrem Ausscheiden aus der Regierung gründete Massuda Jalal die Jalal Foundation, um die Rechte der Frauen zu schützen. Im Jahr 2019 kandidierte sie erneut für das Präsidentenamt, was zu Angriffen auf sie und ihre Familienmitglieder führte. Als die Taliban 2021 erneut die Macht in Afghanistan übernahmen, war sie gezwungen, ihre Heimat zu verlassen, und ging in die Niederlande ins Exil.

Corazon Aquino

PHILIPPINEN

Corazon Aquino wurde 1986 zur ersten Präsidentin der Philippinen gewählt.

Die 1933 geborene Maria Corazon Cojuangco wuchs in einer politisch prominenten Familie aus der Provinz Tarlac auf. Sie selbst beschreibt sich als zurückhaltendes Kind. Ihre Mutter war Apothekerin, ihr Vater war Kongressabgeordneter und ihre beiden Großväter hatten Sitze im Senat inne. Cory, wie sie genannt wurde, erinnert sich daran, dass sie den politischen Führern, die ihren Vater besuchten, Zigarren anbot. Sie war Abschiedsrednerin ihrer Privatschulklasse, bevor sie in den Vereinigten Staaten die Highschool besuchte. Dort trat sie den Junior-Republikanern bei und engagierte sich bei den Präsidentschaftswahlen 1948. Als sie auf die Philippinen zurückkehrte, um Jura zu studieren, lernte sie ihren Kommilitonen Benigno »Ninoy« Aquino Jr. kennen und gab das Studium auf, um zu heiraten und eine Familie zu gründen.

Aquino wurde zum Gouverneur und dann in den Senat gewählt und geriet zunehmend in Opposition gegen den diktatorisch regierenden Präsidenten Ferdinand Marcos. Es wurde erwartet, dass Benigno Aquino die nächste Wahl gewinnen würde, aber als Marcos 1972 das Kriegsrecht verhängte, wurde »Ninoy« verhaftet und zum Tode verurteilt. Er schrieb in sein Tagebuch, dass er sich für seine Verzweiflung schämte, während Corazon keine einzige Träne vergossen habe. Später erklärte sie, das habe an den Beruhigungsmitteln gelegen, mit denen sie sich »gestärkt« habe.

Während ihr Mann im Gefängnis saß, führte Corazon Aquino Kampagnen an und hielt Reden in seinem Namen – ein bedeutender Schritt für jemanden, der sich zuvor im Hintergrund gehalten hatte. Nach jahrelanger Haft wurde »Ninoy« aus medizinischen Gründen ins Exil entlassen, und die Familie lebte drei Jahre lang in den USA. Nach seiner Genesung kehrte er 1983 auf die Philippinen zurück, wurde jedoch von Soldaten ermordet, nachdem er aus dem Flugzeug gestiegen war. »Ich folgte ihm

einige Tage später in die Heimat, nicht mehr als seine Frau, sondern als Witwe. Es war die größte Beerdigung seit Gandhi.« Schätzungsweise zwei Millionen Menschen säumten die Straßen.

Corazon Aquino nahm an friedlichen Demonstrationen teil, die als »People Power Revolution« bezeichnet wurden. Es wurde deutlich, dass sie die Wählerschaft mobilisieren konnte, und sie legte eine Million Unterschriften zur Unterstützung ihrer Kandidatur für das Präsidentenamt vor. Bei der Wahl 1986 trat Aquino als Gegenkandidatin von Marcos an. Dieser drohte ihr öffentlich, indem er sagte, dass sie einen gefährlichen Weg beschreite. Corazon wiederum erklärte, Marcos sei »ein Feigling, weil er mich mit einer einzigen Kugel ausschalten wollte, und ein Verlierer, weil ich ihm im Gegenzug nicht mehr als einen einzigen Wahlgang versprochen habe«.

Als die Wahllokale schlossen, galt Corazon Aquino als Gewinnerin, doch die Regierung erklärte Marcos zum Sieger. Hunderttausende von Bürgern protestierten daraufhin in der Kampagnenfarbe Gelb, und zwei Spitzenmilitärs von Marcos revoltierten. Nach wochenlangen politischen Unruhen wurden sowohl Aquino als auch Marcos von ihren Anhängern als Präsidenten vereidigt, doch schließlich musste Marcos vor den Protesten aus dem Land fliehen.

Corazon Aquino sah ihren Auftrag darin, die Demokratie wiederherzustellen, und schuf eine neue Verfassung, die die Befugnisse des Präsidentenamts einschränkte und die in einer Volksabstimmung mit überwältigender Zustimmung ratifiziert wurde. Marcos' Anhänger versuchten mehrmals, Aquino aus dem Amt zu drängen – sieben Militärrevolten mit mehr als 150 Todesopfern sprechen für sich. Kritiker bemängelten, dass Aquino es versäumte, grundlegende wirtschaftliche oder soziale Reformen durchzuführen, und ihre Popularität schwand, als sie zu wenig gegen wirtschaftliche Ungerechtigkeit und politische Korruption tat.

Corazon Aquino erlebte nur eine Amtszeit, und als Präsident Fidel Ramos ihr nachfolgte, erklärte sie, dies sei »einer der stolzesten Momente meines Lebens. Dafür war mein Mann gestorben. Dieser Moment steht für den Ruhm der Demokratie: die friedliche Machtübergabe ohne Blutvergießen, streng nach dem Gesetz.«

Michelle Bachelet

CHILE

2006 wurde Michelle Bachelet zur ersten Präsidentin von Chile gewählt.

In ihrer Siegesrede nach der Präsidentschaftswahl ließ Michelle Bachelet die gewalttätige Vergangenheit Chiles Revue passieren und blickte gleichzeitig in die Zukunft: »Weil ich ein Opfer von Hass bin, habe ich mein Leben der Aufgabe gewidmet, Hass in Verständnis, Toleranz und – warum sollte ich es verschweigen? – Liebe zu verwandeln.« Ihr Weg bis ins Amt war schmerzhaft verlaufen, und sie erhielt international viel Anerkennung für ihre versöhnliche Haltung.

Verónica Michelle Bachelet Jeria wurde 1951 in der Hauptstadt Santiago geboren; ihre Mutter war Archäologin und ihr Vater General der chilenischen Luftwaffe. Der Beruf ihres Vaters brachte es mit sich, dass die Familie häufig umzog, und sie wuchs unter Soldaten auf. Anfang der 1960er-Jahre wurde der Vater für zwei Jahre an die Botschaft in Washington versetzt, wo Michelle von der amerikanischen Bürgerrechtsbewegung beeinflusst wurde und fließend Englisch lernte.

1973 wurde ihr Vater verhaftet, weil er sich dem Militärputsch widersetzte, der Präsident Salvador Allende stürzte und General Augusto Pinochet mit stillschweigender Unterstützung des amerikanischen Auslandsgeheimdiensts CIA an die Macht brachte. Bachelets Vater wurde mehrere Monate lang gefoltert, bevor er einen Herzinfarkt erlitt und im Gefängnis starb. Michelle, damals Medizinstudentin an der Universität von Chile, sagte, ihre Welt sei über Nacht zusammengebrochen: »Auf der Straße wechselten Leute, die uns sehr nahegestanden hatten, auf die andere Seite, um uns nicht begegnen zu müssen.«

Michelle Bachelet wurde zusammen mit ihrer Mutter verhaftet und in ein geheimes Foltergefängnis gebracht. Man verband ihr die Augen, fesselte sie für lange Zeit an einen Stuhl und sagte ihr, dass ihre Mutter hingerichtet werden würde. Dank der Protektion eines einflussreichen Verwand-

ten durften beide 1975 Chile verlassen. Sie lebten zunächst im Exil in Australien und dann in der DDR, wo ihnen Asyl gewährt wurde. Michelle nahm ihr Medizinstudium wieder auf, wurde aktive Sozialistin und heiratete.

Als sie 1979 nach Chile zurückkehrte, war es für Michelle Bachelet aufgrund ihrer Familiengeschichte immer noch schwierig, eine Anstellung zu finden, aber sie trat in eine medizinische Klinik ein, die Opfer von Folter und politischer Unterdrückung behandelte, die anderswo keine Behandlung bekommen konnten. Nach dem Sturz Pinochets im Jahr 1990 wechselte sie in die Politik und wurde zunächst Gesundheitsministerin und dann die erste Frau an der Spitze des Verteidigungsministeriums in der Regierung von Ricardo Lagos Escobar.

Ihre Präsidentschaftskampagne 2005 konzentrierte sich auf mehr Gleichheit und soziale Teilhabe. Als Agnostikerin und geschiedene Mutter von drei Kindern forderte die Wahlkämpferin das traditionalistische katholische Establishment heraus. Dennoch schlug sie ihren Rivalen in der Stichwahl mit 53 Prozent der Stimmen. Sie war die erste vom Volk gewählte südamerikanische Präsidentin, deren politische Karriere unabhängig von der eines Ehemanns verlief.

Ihre erste Amtszeit war geprägt von einer ehrgeizigen Agenda für eine bessere Gesundheitsversorgung, eine Rentenreform und die Armutsbekämpfung, und ihr Kabinett war paritätisch mit Frauen und Männern besetzt. Weil die Verfassung eine weitere direkt anschließende Amtszeit nicht zuließ, wechselte Bachelet 2010 an die Spitze der neu gegründeten Einheit UN Women der Vereinten Nationen.

Sie kehrte in die Heimat zurück und wurde 2013 für eine zweite Amtszeit gewählt. Zu ihren Erfolgen zählen eine Steuerreform, eine kostenlose Hochschulausbildung für Studenten mit geringem Einkommen, die Schaffung eines Frauenministeriums und die Entkriminalisierung der Abtreibung.

Am 8. August 2018 berief UNO-Generalsekretär António Guterres Bachelet als Hohe Kommissarin der Vereinten Nationen für Menschenrechte. Nach Ablauf ihrer Amtszeit 2022 stellte sie sich nicht mehr zur Wiederwahl.

Rawya Ateya

ÄGYPTEN

1957 war Rawya Ateya eine der beiden ersten Frauen, die ins ägyptische Parlament gewählt wurden.

Schon in jungen Jahren kam Rawya Ateya mit Politik in Berührung. Sie wurde 1926 geboren, und ihr Vater war Generalsekretär der Wafd-Partei, einer nationalistischen Partei, die maßgeblich an der endgültigen Erlangung der Unabhängigkeit Ägyptens von Großbritannien im Jahr 1952 beteiligt war. Aufgrund seiner politischen Aktivitäten wurde der Vater inhaftiert, und Rawya erinnerte sich daran, ihn als Kind im Gefängnis besucht zu haben. Im Alter von zehn Jahren führte Rawya Demonstrationen von Schülern ihrer Schule an, um gegen die britische Kolonialherrschaft zu protestieren. Einmal wurde sie von einer Polizeikugel getroffen und fiel in Ohnmacht: »Ich fand mich in den Armen von Frau Hudā Scha'rāwī wieder. Sie trug mich und brachte mich in die Zentrale der General Women's Union, der Pionierin der Frauenbewegung. Ihr verdanke ich meine politische Erziehung.«

Rawya Ateya erwarb ein Diplom in Pädagogik und Psychologie, einen Magister in Journalismus und ein zweites Diplom in Islamwissenschaften. Sie arbeitete 15 Jahre lang als Lehrerin und zeitweise als Journalistin, während sie sich weiterhin ehrenamtlich engagierte.

Präsident Gamal Abdel Nasser kündigte an, dass Frauen in der neuen Verfassung von 1956 das aktive und passive Wahlrecht erhalten würden. Im selben Jahr wurde Rawya als erste Frau ins Offizierskorps der ägyptischen Befreiungsarmee aufgenommen und half bei der Ausbildung tausender Frauen in Erster Hilfe und Krankenpflege während der Suez-Krise, als Ägypten gegen Israel, Großbritannien und Frankreich kämpfte. Sie leitete eine Frauen-Kommandoeinheit und gründete später, während des arabisch-israelischen Krieges von 1973, eine Vereinigung zur Betreuung der Familien von Kämpfern, was ihr den Beinamen »Mutter der als Märtyrer gefallenen Kämpfer« einbrachte.

Meinungsumfragen ergaben 1957, dass die Mehrheit der ägyptischen Männer gegen die Kandidatur von Frauen für das Parlament war. Dennoch beschloss Rawya, sich zur Wahl zu stellen, trotz des Sexismus, dem sie sich ausgesetzt sah: »Man nahm mir übel, dass ich eine Frau bin. Doch ich sprach mit ihnen und erinnerte sie an die Frauen und Familien des Propheten, bis sie ihre Meinung änderten.«

Ihre Strategie für den Wahlkampf bestand darin, so sichtbar wie möglich zu sein: »Ich begann, zu den Wählern zu gehen, fuhr in einem Jeep und trug die Uniform der Kommandotruppe, und die Leute begrüßten mich mit Gejohle, Trommeln und im Stammesverband, und jeder wollte mich als erste Frau sehen, die an diesem Ort zu den Wahlen antritt, und so bekam ich das Gefühl, dass ich den männlichen Konkurrenten den Boden unter den Füßen weggezogen hatte.«

Rawya gewann die Wahl und setzte sich während ihrer politischen Laufbahn für die Förderung der Frauenrechte und die Gleichstellung von Frauen in der Arbeitswelt ein, vor allem durch einen zweimonatigen Mutterschaftsurlaub bei vollem Gehalt. 1958 legte sie ein Gesetz zur Abschaffung der Polygamie vor, das jedoch aufgrund des starken Widerstands anderer Abgeordneter nicht verabschiedet wurde.

Bei den Wahlen zur Nationalversammlung 1959 konnte Rawya ihren Sitz im Parlament nicht verteidigen. Sie engagierte sich beim Roten Halbmond und kandidierte für die Nationaldemokratische Partei bei den Wahlen 1984 erneut für die Volksversammlung. Sie war erfolgreich und wurde zum zweiten Mal Mitglied des ägyptischen Parlaments. Sie starb 1997 im Alter von 71 Jahren.

Julia Gillard

AUSTRALIEN

2010 wurde Julia Gillard zur ersten Premierministerin ihres Landes gewählt.

Wie viele der hier vorgestellten Frauen kam auch Julia Gillard auf Umwegen in die Politik: »Es dauerte eine Weile, bis ich begriff, welch großartige Möglichkeiten ich bekäme, um meine Vorstellungen zu verwirklichen – und dass jemand wie ich das kann.« Julia wurde 1961 in Wales geboren und litt als Kind an Bronchopneumonie, was ihre Familie wegen des wärmeren Klimas zur Auswanderung nach Australien bewog, wo sie sich in Adelaide niederließ. Im Haushalt der Gillards wurde regelmäßig über Politik diskutiert, und Julias Haltung wurde auch dadurch beeinflusst, dass ihr Vater kein Fortbildungsstipendium in Anspruch nehmen konnte, weil er seine Familie ernähren musste. »Das hat mich immer empört – dass jemand, der das Zeug zu einer besseren Bildung hatte, diese Chance aufgrund wirtschaftlicher Umstände nicht wahrnehmen konnte.«

An der Universität führte ein Freund Julia in den Club der Labor Party ein, und sie wurde Präsidentin der Studentengewerkschaft Australian Union of Students. Sie erwarb Abschlüsse in Rechts- und Geisteswissenschaften und arbeitete in einer auf Arbeitsrecht spezialisierten Anwaltskanzlei. Im Jahr 1996 kündigte Julia ihren Job, um als rechte Hand des Oppositionsführers im Bundesstaat Victoria zu arbeiten, und errang 1998 einen Sitz im Unterhaus. Nach vier Niederlagen für die Labor Party brachte 2007 einen Wahlerfolg, und Julia Gillard wurde als Bildungsministerin und erste stellvertretende Premierministerin des Landes vereidigt.

Angesichts rapide fallender Umfragewerte im Jahr 2010 wurde Gillard als Nachfolgerin von Premierminister Kevin Rudd ins Spiel gebracht, der zurücktrat, als er nicht mehr auf genügend Unterstützer in den eigenen Reihen zählen konnte. Gillard wurde als Premierministerin vereidigt, verkündete aber, dass sie erst dann in den offiziellen Sitz des Premierministers einziehen würde, wenn sie von den Wählern bestätigt würde. Bei den daraufhin ausgerufenen Parlamentswahlen fiel das Ergebnis äußerst

knapp aus; die absolute Mehrheit wurde verfehlt und mit der Unterstützung von drei unabhängigen Abgeordneten und einem Abgeordneten der Grünen gelang es Julia Gillard, eine Minderheitsregierung zu bilden.

Als Premierministerin der zwölftgrößten Volkswirtschaft der Welt stand Gillard infolge der 2008 ausgebrochenen globalen Finanzkrise vor einer schwierigen Aufgabe. In ihre Amtszeit fielen eine Bildungsreform, die Implementierung des Handels mit CO_2-Emissionen, eine Reform des Gesundheitswesens, ein landesweites System für die Betreuung von Menschen mit Behinderungen, der Ausbau des Breitbandnetzes und eine Untersuchungskommission zum Umgang von Behörden mit sexuellem Missbrauch von Kindern. Ihre Haltung zu Asylbewerbern, Einwanderung und Einsparungen von Leistungen für Arbeitssuchende weckte heftige Kritik.

Gillard hielt eine berühmte Parlamentsrede über Frauenfeindlichkeit als Antwort auf eine Einlassung des Oppositionsführers Tony Abbott. Nach eigenen Angaben hatte sie diese »Wutrede« spontan verfasst, aus Ärger über die Art und Weise, wie sie von rivalisierenden Politikern und der Presse behandelt wurde. In ihrer Rede sagte sie: »Der Oppositionsführer sagt, dass Menschen, die sexistische Ansichten vertreten und frauenfeindlich sind, für ein hohes Amt nicht geeignet sind. Nun, ich hoffe, der Oppositionsführer hat ein Blatt Papier bei sich, auf dem er seinen Rücktritt erklärt. Denn wenn er wissen will, wie Frauenfeindlichkeit im Australien von heute aussieht, muss er keinen Antrag im Repräsentantenhaus stellen, es reicht ein Blick in den Spiegel.«

Die Rede ging viral und machte Gillard in der ganzen Welt bekannt. Später erklärte sie: »Bisweilen ärgert es mich ein wenig, dass all die Jahre in der Politik und die ganze Arbeit offenbar auf einen einzigen Moment, eine einzige Rede, reduziert wurden. Aber inzwischen habe ich mich damit abgefunden, dass diese Rede immer vorkommen wird, wenn die Leute etwas über mich schreiben – einschließlich meines Nachrufs, der hoffentlich erst in vielen Jahren erscheinen wird.«

Nach einer parteiinternen Niederlage im Jahr 2013 trat Julia Gillard zurück und konzentrierte sich auf den Kampf um die Gleichberechtigung. Sie ist Vorsitzende des Global Institute for Women's Leadership am Londoner King's College und Vorsitzende von Wellcome, einer global agierenden gemeinnützigen Stiftung, die die Wissenschaft bei der Lösung dringender Gesundheitsfragen unterstützt.

Pərixanım Sofiyeva

GEORGIEN

Pərixanım Sofiyeva gilt als erste Frau der muslimischen Welt, die demokratisch in ein Amt gewählt wurde.

Über Pərixanım Sofiyeva wissen wir vor allem aus Erzählungen ihrer Familie und von Dorfältesten Bescheid. Ihr genaues Geburtsdatum ist unbekannt, aber irgendwann im Jahr 1884 wurde sie in dem Dorf Karajala in Georgien, das damals zum russischen Zarenreich gehörte, als einziges Mädchen in einer neunköpfigen Familie geboren. Als wichtigste Quelle dienen ihre Unterschrift auf offiziellen Dokumenten, in denen sie als Vertreterin ihrer Region aufgeführt ist, und ein Zeitungsausschnitt, in dem das »glückliche Ereignis« der Wahl einer muslimischen Frau im Jahr 1918 vermerkt ist.

Familienmitglieder nennen sie »Pərixanım, der Mann« und beschreiben sie als imposante Gestalt, die eine Mauser-Pistole besaß und Wasserpfeife rauchte, höchst ungewöhnlich für eine Frau und sicher nicht unumstritten. Schon in jungen Jahren übernahm sie eine Führungsrolle in ihrer Familie, regelte Dorfangelegenheiten, schlichtete Streitigkeiten und las bei Hochzeiten und Beerdigungen aus dem Koran vor. Ihre Nachkommen berichten, dass sie während der Zarenzeit die Regierung davon überzeugte, eine neue Eisenbahnlinie in der Nähe des Dorfs zu bauen, und dass sie bei Verhandlungen und Diskussionen mit Männern dominant auftrat. Faktisch agierte sie als Dorfoberhaupt, ohne dies offiziell zu sein.

Im Mai 1918, beim Zusammenbruch des zaristischen Machtapparats, versammelten sich die Mitglieder des georgischen Nationalrats auf der Hauptstraße des Zentralorts Tiflis und erklärten Georgien zur unabhängigen Republik. Die Erste Demokratische Republik Georgien sollte weniger als drei Jahre bestehen, war aber wegweisend für soziale Demokratie. An den Wahlen nahmen sowohl Männer als auch Frauen teil, eine Verfassung wurde eingeführt, Antidiskriminierungsgesetze für ethnische und religiöse Minderheiten wurden verabschiedet und die Frauenrechte verankert.

Eine der ersten Maßnahmen der neuen Republik war die Durchführung von Kommunalwahlen, mit denen eine demokratische Rechenschaftspflicht auf Dorfebene eingeführt wurde. Pərixanım kandidierte bei den Wahlen von 1918 als Unabhängige und gewann gegen die Kandidaten der landesweit aktiven politischen Parteien Georgiens. Ihr Sieg zeigt, wie viel Einfluss sie auf lokaler Ebene gehabt haben muss, und die historische Forschung, der wir den Fund von Pərixanıms Namen in den Archiven verdanken, bezeichnet sie als »einzigartig«.

Im Jahr 1919 wählten die Georgier fünf Frauen ins Parlament – es war erst das zehnte Land der Welt, in dem dies möglich war –, doch diese Errungenschaft sollte nicht von Dauer sein. Anfang 1921 marschierte die Rote Armee aus Sowjetrussland in Georgien ein, die Republik wurde gestürzt und durch ein bolschewistisches Regime ersetzt.

Die Familie von Pərixanım behauptet, dass ihre Vorfahrin trotz der kommunistischen Machtübernahme weiterhin über die örtlichen Angelegenheiten bestimmte. Stalins Großer Terror kam 1937 in das Dorf, und fünf von Pərixanıms Brüdern wurden aus ihren Häusern geholt und als »Volksfeinde« hingerichtet. Sie zog die Waisenkinder ihrer Brüder auf und kümmerte sich um sie, um sie zu beschützen und dafür zu sorgen, dass sie eine Lebensperspektive erhielten, trotz der Diskriminierung, der Kinder von »Volksfeinden« ausgesetzt waren.

Pərixanım starb 1953. Rachschanda Sofiyeva, die Witwe eines Neffen von Pərixanım, sagte: »Niemand konnte sie unterdrücken, weder die sowjetische Regierung noch sonst jemand.«

Julija Tymoschenko

UKRAINE

Julija Tymoschenko war 2005 die erste Ministerpräsidentin der Ukraine.

Wenn Politik auch vom Auffallen lebt, dann war Julija Tymoschenko in den Nullerjahren die unbestrittene Meisterin in dieser Disziplin. Ihr markant geflochtenes Haar und ihr Wahlkampfstil trugen ihr Bezeichnungen wie »politische Atombombe« ein, als sie die internationale Bühne betrat. Sie wurde 1960 als Einzelkind geboren. Ihr Vater ließ die kleine Tochter im Stich, und ihre Mutter musste mehrere Jobs annehmen, um sich und Julija zu ernähren. Diese studierte Kybernetik und Wirtschaft an der Universität und heiratete im Teenageralter Oleksandr Tymoschenko. Gemeinsam gründeten die beiden eine Kette von Videotheken, ein Zeichen für den Wandel in der Sowjetunion während Michail Gorbatschows Wirtschaftsreformen. Als die Ukraine nach dem Zusammenbruch der Sowjetunion 1991 ein unabhängiges Land wurde, wechselte Tymoschenko in den Energiesektor und bekleidete dort wichtige Führungspositionen, was ihr den Spitznamen »Energiekönigin« einbrachte.

Der Sprung in die Politik gelang relativ problemlos – Julija Tymoschenko wurde 1996 ins Parlament gewählt. Im Jahr 1999 gründete sie ihre eigene linksgerichtete Partei, Batkiwschtschyna (Allukrainische Vereinigung »Vaterland«), stieg zur Stellvertreterin von Ministerpräsident Wiktor Juschtschenko auf und war für den Energiesektor zuständig. Im Jahr 2001 verbrachte sie mehrere Wochen im Gefängnis, weil sie der Fälschung von Zolldokumenten und des Gasschmuggels beschuldigt wurde – ein Vorwurf, von dem sie später freigesprochen wurde. Zu diesem Zeitpunkt änderte sie ihr Image und nahm ihren blonden, bäuerlichen Zopf als Markenzeichen an, angeblich um die nationale Identität zu unterstreichen.

Julija Tymoschenko war Hauptakteurin bei der »Orangefarbenen Revolution« im Jahr 2004. Gemeinsam mit ihrem Verbündeten Wiktor Juschtschenko führte sie friedliche Massenproteste an, als Wiktor Janukowytsch, der vom russischen Präsidenten Wladimir Putin unterstützt

wurde, zum Sieger der Präsidentschaftswahlen erklärt wurde. Die Demonstranten prangerten Wahlfälschungen an, und 500 000 Menschen strömten auf den Kiewer Unabhängigkeitsplatz. Nachdem das Ergebnis gerichtlich für ungültig erklärt worden war, fiel Wiktor Juschtschenko mit einem prowestlichen, antirussischen Programm die Präsidentschaft zu. Tymoschenko wurde zur Ministerpräsidentin ernannt und erklärte, sie werde sich für den Beitritt der Ukraine zur Europäischen Union einsetzen, ohne Russland zu verärgern, die Korruption bekämpfen und eine unabhängige Justiz schaffen. Ihre Beziehung zum Präsidenten verschlechterte sich jedoch schnell und er entließ sie noch im selben Jahr.

Bei den Wahlen 2007 schnitt Tymoschenkos Partei gut ab, und sie wurde erneut zur Ministerpräsidentin ernannt, wobei sie sich für eine Verfassungsänderung einsetzte. Die anhaltenden Streitigkeiten mit Präsident Juschtschenko verschlangen mehr Aufmerksamkeit als die Bewältigung der Weltwirtschaftskrise und die sich verschlechternde Lebenssituation der Menschen in der Ukraine. Dies war der größte Kritikpunkt, den sich Tymoschenko während ihrer zweiten Amtszeit gefallen lassen musste.

Bei den Präsidentschaftswahlen 2010 verlor Julija Tymoschenko gegen Wiktor Janukowytsch. Sie wurde vor Gericht gestellt und 2011 des Amtsmissbrauchs für schuldig befunden. Man warf ihr vor, überteuerte Gaslieferverträge mit Russland abgeschlossen zu haben, und sie wurde zu sieben Jahren Gefängnis verurteilt. Die Menschenrechtsorganisation Amnesty International bewertete den Prozess als politisch motiviert. Tymoschenko beklagte sich über Gewalt gegen sie während ihrer Haft und trat in den Hungerstreik.

Ein zweiter Volksaufstand brach aus, als Janukowytsch versuchte, engere Beziehungen zu Russland zu knüpfen, anstatt ein vom Parlament gebilligtes Abkommen mit der EU zu schließen. Angesichts des Aufruhrs floh Janukowytsch nach Russland und Julija Tymoschenko kam aus dem Gefängnis frei.

Zwar kehrte sie umgehend in die Politik zurück, aber mangels Unterstützung scheiterte sie 2019 mit ihrer Kandidatur für das Präsidentenamt. Nach der russischen Invasion in der Ukraine 2022 stellte sie sich hinter den Sieger Wolodymyr Selenskyj und blieb im Land, um die Kriegsanstrengungen zu unterstützen.

Nicola Sturgeon

GROSSBRITANNIEN

Im Jahr 2014 wurde Nicola Sturgeon zur ersten Regierungschefin Schottlands gewählt.

Nicola Sturgeon wurde 1970 geboren und wuchs in der Sozialwohnung ihrer Eltern in Irvine, einer Stadt im Westen Schottlands, auf. Sich selbst beschrieb sie als introvertiertes Kind, das sich bei der Feier ihres fünften Geburtstags unter einem Tisch versteckte. Aufgrund ihrer Herkunft aus der Arbeiterklasse erwartete man von ihr, dass sie der Labour Party beitreten würde, aber sie entschied sich für die Scottish National Party (SNP), eine kleine, zu dieser Zeit nicht sehr populäre Partei. Sturgeon verteilte Flugblätter während der Wahlen 1987, als die SNP nur drei Abgeordnete ins Londoner Parlament entsandte.

Nicola Sturgeon hat mehrfach betont, dass die dreimalige britische Premierministerin Margaret Thatcher »die Motivation hinter meiner gesamten politische Karriere« war. Einerseits bewunderte sie Thatcher dafür, es so weit in der Politik gebracht zu haben. Andererseits vermittelten die verbreitete Arbeitslosigkeit und der Abbau der Schwerindustrie unter Thatcher »mir ein starkes Gefühl für soziale Gerechtigkeit; es fühlte sich falsch an, dass Schottland von einer Tory-Regierung regiert wurde, die wir nicht gewählt hatten«. Sturgeon war das erste Mitglied ihrer Familie, das eine Universität besuchte. Während ihres Jurastudiums in Glasgow engagierte sie sich für die SNP. Die juristische Profession war offensichtlich nie ein langfristiges Karriereziel, denn 1992 kandidierte Sturgeon im Alter von nur 21 Jahren vergeblich für die britischen Parlamentswahlen. Im Jahr 1997 trat sie erneut erfolglos an. Die neue Labour-Regierung versprach, Kompetenzen der Zentralgewalt zu regionalisieren. Ein Referendum führte zur Wiedereinführung des schottischen Parlaments. Bei den ersten Wahlen zum Regionalparlament 1999 gewann Sturgeon das ersehnte Mandat.

Aus den schottischen Wahlen 2007 ging die SNP als stärkste Partei hervor: Der Vorsitzende Alex Salmond saß als Parlamentarier in London,

Ruth Mompati

SÜDAFRIKA

1994 wurde Ruth Mompati als eine der ersten Frauen in das erste völlig frei gewählte südafrikanische Parlament gewählt.

Ruth Segomotsi wurde 1925 im Nordwesten Südafrikas geboren. Ihr Vorbild war ihre Großmutter, eine streitbare Frau, die über einen großen Schatz an alten Erzählungen verfügte und über 100 Jahre alt wurde. Die Familie stand um 5 Uhr morgens auf, um auf den Feldern zu arbeiten; die Arbeit endete erst, »wenn die Vögel weg waren«. Ruth war 14 Jahre alt, als ihr Vater starb, und nahm eine Arbeit an, um ihre Familie zu unterstützen. Später machte sie eine Ausbildung zur Lehrerin. Sie heiratete 1952 und zog nach Johannesburg. Dort engagierte sie sich im Afrikanischen Nationalkongress (ANC), der für das Wahlrecht für Schwarzafrikaner und die Abschaffung der Apartheid, das von den Weißen eingeführte System der strikten Rassentrennung, kämpfte.

Ruth gab den Lehrerberuf auf, weil sie »auf keinen Fall« die neu eingeführte »Bantu-Erziehung« unterrichten wollte, ein getrenntes und minderwertiges Bildungssystem für schwarze Kinder, das sich auf Handarbeiten und niedere Tätigkeiten beschränkte. Sie lernte Stenografie und begann, für Oliver Tambo und Nelson Mandela in der einzigen schwarzen Anwaltskanzlei in Johannesburg zu arbeiten. Vor dem Büro bildeten sich lange Schlangen, aber niemand wurde abgewiesen, obwohl höchstens ein Drittel der Klienten die Rechnungen bezahlen konnte.

Sie wurde als »Mama Ruta« bekannt, eine fürsorgliche Beschützerin und Anführerin, und stieg zu einer prominenten Persönlichkeit im ANC auf, die mehrere Ämter bekleidete. Als Gründungsmitglied der Federation of South African Women gehörte sie zu den Organisatorinnen des historischen Frauenmarschs von 1956. Am 9. August demonstrierten 20 000 Frauen aller Ethnien in der Hauptstadt Pretoria gegen die Rückkehr zu den Passgesetzen (die von schwarzen Frauen das Mitführen eines Passbuchs verlangten, so wie es jahrzehntelang von schwarzen Männern verlangt worden war) und andere zunehmend repressive Gesetze, die die Rassentrennung verschärften. Nach 30 Minuten Schweigen, um ihren gewaltlosen Widerstand zu demonstrieren, sangen die Frauen das Protestlied »Wathint' abafazi, wathint' imbokodo«, was so viel bedeutet wie »Du schlägst die Frau, aber du spürst den Stein«. Der 9. August wurde 1995 von der demokratischen Regierung zum nationalen Frauentag erhoben.

Eine Passbuch-Demonstration im Jahr 1960 im schwarzen Township Sharpeville endete mit einem Massaker, als die Polizei das Feuer auf die Menge eröffnete. Aufgrund der daraufhin im ganzen Land stattfindenden Demonstrationen verhängte das Apartheidregime den Ausnahmezustand. Der ANC wurde verboten; die Partei wies Ruth an, in den Untergrund zu gehen und eine militärische Ausbildung zu absolvieren. Sie ließ ihre kleinen Söhne bei ihrer Mutter zurück und hoffte, nach einem Jahr zurückzukehren. Während ihrer Abwesenheit wurden Mandela und die anderen Parteiführer verhaftet. Weil Ruth dem bewaffneten Flügel des ANC angehörte, wurde sie von Tambo aufgefordert, nicht nach Südafrika zurückzukehren. »Ich weinte um meine Kinder und mein Land«, erinnerte sie sich, und nahm Mompati, den Namen ihres ersten Sohnes, als Nachnamen an.

Ruth Mompati arbeitete im Exil für den ANC und mobilisierte internationale Unterstützer. Erst 1990 konnte sie nach Südafrika zurückkehren, als sie der ANC-Delegation angehörte, die mit der regierenden National Party über das Ende der Apartheid verhandelte. 1994 wurde sie zum Mitglied des Parlaments gewählt, danach Botschafterin in der Schweiz, und nach ihrer Rückkehr wurde sie zur Bürgermeisterin von Vryburg gewählt, wo sie aufgewachsen war.

Im Jahr 2014 verlieh der ANC Ruth Mompati seine höchste Auszeichnung, den Isitwalandwe-Seaparankoe-Preis, dessen Titel so viel bedeutet wie »Person, die die Federn des seltenen Vogels trägt«. In den Worten des ANC: »Es ist eine Auszeichnung, die nur den mutigsten Kriegern des Volkes verliehen wird.«

Ruth Mompati starb 2015 in Kapstadt.

Carol Martin

AUSTRALIEN

2001 wurde Carol Martin als erste indigene Abgeordnete in ein australisches Parlament gewählt.

Auf die Frage, was sie dazu bewogen habe, für das Parlament zu kandidieren, antwortete Carol Martin: »Mein verdammter Ehemann! Es ist alles seine Schuld.« Carol machte allerdings nur selten etwas, was sie nicht wollte. Sie wurde 1957 in Subiaco, einem Vorort von Perth in Westaustralien, als Carol Pilkington geboren. Wie viele andere Aborigine-Kinder wurde sie im Alter von zwölf Jahren in einer Pflegefamilie untergebracht, und zwar auf der Grundlage einer Regelung, die sie bis zu ihrem 18. Lebensjahr rechtlich von ihrer Familie trennte. Carol lief häufig weg und entschied sich mit 15 Jahren, bei ihrer Mutter in der Küstenstadt Broome zu bleiben. Die örtliche Gemeinschaft schützte sie vor den Behörden, was, wie sie sagt, »meinem Leben eine neue Richtung gab«.

Sie erhielt ein Stipendium für ein Studium als Sozialarbeiterin und erlebte aus großer Nähe die Auswirkungen der Behandlung von Aborigine-Kindern. Der Bericht »Children in Limbo« aus dem Jahr 1981 identifizierte Kinder, die im Betreuungssystem vermisst wurden, und Carol Martin setzte sich unermüdlich für die Familienzusammenführung ein: »Ich erlebte, wie Mitglieder der gestohlenen Generation an ihre Familien zurückgegeben wurden, wie Kinder erfuhren, dass sie adoptiert worden waren, und sich mit dieser Erkenntnis nicht abfinden konnten, und wie Frauen sich nie davon erholten, dass sie ihre Kinder weggegeben hatten, und diesen Verlust für den Rest ihres Lebens betrauerten.«

Im Jahr 1993 trat Carol Martin der Australian Labor Party bei und machte als Stadträtin erste politische Erfahrungen. Ihr Ehemann Brian Martin kandidierte 1996 für das Unterhaus im Wahlkreis Kimberley und verfehlte den Parlamentssitz zwar nur um wenige Stimmen, aber es war abzusehen, dass Labor ihn 2001 nicht erneut aufstellen würde. »Er sagte zu mir: ›Du musst es machen.‹ ›Auf keinen Fall, mein Lieber, das mache ich

nicht, das ist doch Quatsch.‹ Er ließ sich nicht beirren: ›Frag die Leute.‹ Das Echo war eindeutig: ›Ja, mach es, denn du hast eine große Klappe.‹«

Carol Martin legte 60 000 Kilometer zurück, um in den abgelegenen Gemeinden der Region Kimberley in Westaustralien bekannt zu werden. Unterstützt wurde sie bei ihrer Kandidatur von EMILY's List, dem australischen Netzwerk für Labor-Politikerinnen. Dieses orientierte sich an einem US-Vorbild, das erfolgreich Kampagnen für Politikerinnen der Demokraten finanzierte. Mit 43 Prozent der Stimmen gewann Martin den Wahlkreis Kimberley auf Anhieb.

In ihrer Antrittsrede sagte sie: »Mein Sieg und mein Einzug ins Parlament erfüllen mich mit Demut. Ich erkenne die Bemühungen der vielen Menschen an, die für die Rechte der Aborigines gekämpft haben. Ich stehe hier, weil sie ihren Kampf nie aufgegeben haben. Genauso wie ich von ihrem Kampf profitiert habe, werden unsere jungen Menschen von der Gewissheit profitieren, dass sie alles erreichen können, wenn sie an sich selbst, ihr Recht und ihre Kultur glauben. Sie sind nicht allein; wir machen einen Weg für sie frei.«

Carol Martins Karriere konzentrierte sich darauf, die Bedürfnisse Kimberleys trotz seiner geografischen Abgeschiedenheit sichtbar zu machen und Lösungen für die Armut und Ungleichheit ihrer Wähler zu finden. Carol hatte ihr Mandat zehn Jahre lang inne, bevor sie nach einem erbitterten Streit über ein LNG-Terminal in ihrem Wahlkreis, das von den einheimischen Landbesitzern unterstützt, von den örtlichen Protestgruppen jedoch abgelehnt wurde, zurücktrat.

Bei ihrer letzten Rede in der Legislativversammlung von Westaustralien im Jahr 2012 nutzte sie die Stunde, um die Abschaffung des Department of Families, Housing, Community Services and Indigenous Affairs zu fordern: »Dessen Dienstleistung für die Aborigines ist zweitklassig.« Das Ministerium wurde 2013 aufgelöst.

Clara Campoamor

SPANIEN

1931 gehörte Clara Campoamor zu den ersten fünf Frauen, die in die Cortes gewählt wurden, noch ehe die spanischen Frauen das Wahlrecht erhielten.

Clara Campoamor musste schon in jungen Jahren arbeiten. Ihr Vater starb, als sie zehn Jahre alt war, sodass ihre Mutter, eine Näherin, für den Unterhalt der Familie sorgen musste. Die 1888 in Madrid geborene Clara arbeitete zunächst an der Seite ihrer Mutter und dann bei der spanischen Post, bevor sie Lehrerin für Schreibmaschine und Stenografie wurde. Gleichzeitig arbeitete sie als Sekretärin für die liberale Zeitung *La Tribuna* und verkehrte mit feministischen Aktivistinnen und Wahlrechtsaktivistinnen. Neben ihren verschiedenen Jobs absolvierte sie ein Abendstudium, um die erforderlichen Qualifikationen für das Studium an der Universität Madrid zu erwerben. Mit 36 Jahren schloss sie ihr Jurastudium ab und wurde als zweite Frau in die Madrider Anwaltskammer aufgenommen – zu einer Zeit, als nur wenige Frauen überhaupt zum Studium zugelassen wurden.

Nach ihrem Abschluss eröffnete Campoamor eine Anwaltskanzlei, die sich auf die Verteidigung der Rechte verheirateter Frauen und aufsehenerregende Scheidungsfälle spezialisierte. Sie hielt Vorträge, setzte sich für die Gleichberechtigung ein und wurde immer einflussreicher, fühlte sich aber nicht zu einer bestimmten politischen Partei hingezogen. Im Jahr 1927 leistete sie Pionierdienste bei der Änderung der Gesetze zur Kinderarbeit und war 1928 Gründungsmitglied der FIDA, der International Federation of Women Lawyers.

Der Sturz des Diktators Miguel Primo de Rivera ebnete den Weg für die Ausrufung der Zweiten Spanischen Republik im Jahr 1931. Ein neues Gesetz erlaubte es Frauen, für die Cortes zu kandidieren, auch wenn sie noch nicht wählen durften. Clara Campoamor trat als Mitglied der Radikalen Partei an, die das Frauenwahlrecht unterstützte. Sie setzte sich durch und war die erste Frau in Spanien, die vor der Versammlung sprach. Sie nutzte die Gelegenheit, um das Frauenwahlrecht zu fordern, und bezeichnete den Ausschluss der Frauen als einen Verstoß gegen die demokratischen Grundsätze der Republik. Obwohl sie einige Unterstützer hatte, wurde sie von Katholiken, Konservativen und auch von Linken angefeindet, die befürchteten, Stimmen an kirchlich beeinflusste Frauen zu verlieren.

Campoamor gehörte zum Ausschuss, der mit der Ausarbeitung der neuen Verfassung befasst war. Sie war ehrgeizig und setzte sich für Änderungen in Bezug auf Scheidungen, die Gleichstellung außerehelich geborener Kinder und das Frauenwahlrecht ein. Sie war mit ihren Argumenten überraschend erfolgreich, musste sich aber in der Frage des Frauenwahlrechts geschlagen geben, sodass es nicht in den Entwurf aufgenommen wurde. Clara Campoamor war entsetzt darüber, dass sogar ihre eigene Partei sich dagegenstellte, und so kämpfte sie als Unabhängige weiter. Trotz einer extrem polarisiert geführten Debatte wurde das Wahlrecht für Frauen ab 23 Jahren 1931 mit 161 zu 121 Stimmen verabschiedet.

Weil Campoamor sich mehr an ihren Prinzipien als an ihrer Parteitreue orientierte, geriet sie in die Isolation und wurde 1933 nicht wiedergewählt. Dennoch berief die neue Regierung sie zur Generaldirektorin für Wohlfahrt und Sozialhilfe, sie trat jedoch zurück, als die Konservativen die Kontrolle über drei Ministerien übernahmen. Als 1936 der Bürgerkrieg ausbrach, fürchtete Clara Campoamor um ihr Leben und floh nach Lausanne. Sie verbrachte viele Jahre in Argentinien, nachdem ihre Rückkehr von der faschistischen Franco-Regierung mehrmals abgelehnt worden war. Später zog sie wieder in die Schweiz, wo sie als Anwältin arbeitete und mehrere Biografien schrieb. Unter Franco wurde das Frauenwahlrecht unterdrückt, und erst 1977, zwei Jahre nach seinem Tod und fünf Jahre nach Claras Tod in der Schweiz, durften Frauen wieder wählen.

Kamala Harris

USA

Kamala Harris war 2020 die erste Frau und die erste Person of Color, die ins Vizepräsidentenamt der USA gewählt wurde.

Kamala Harris sagt über sich selbst, sie habe in ihrer Kindheit im kalifornischen Berkeley »die Bürgerrechtsbewegung aus der Kinderwagenperspektive miterlebt«, als ihre Eltern sie zu Demonstrationen mitnahmen. Ihre Mutter habe den Kindern den Stolz auf ihr jamaikanisches und tamilisches Erbe eingeflößt, »weil sie wusste, dass wir mit allen möglichen Hürden konfrontiert werden würden, und sie ließ nie einen Zweifel daran, dass irgendetwas unseren Träumen im Wege stehen könnte«. Kamala Devi Harris wurde 1964 in Oakland (Kalifornien) geboren. Beide Eltern waren Einwanderer: ihre Mutter wurde in Indien und ihr Vater in Jamaika geboren. Nachdem sie sich getrennt hatten, als Kamala fünf Jahre alt war, wurden sie und ihre jüngere Schwester hauptsächlich von ihrer Mutter aufgezogen, die in der biomedizinischen Krebsforschung tätig war.

Die Arbeit ihrer Mutter führte dazu, dass Kamala einen Teil ihrer Teenagerjahre im kanadischen Montreal verbrachte. Mit 13 Jahren brachte sie Kinder aus dem Viertel dazu, gemeinsam gegen das Verbot zu protestieren, auf dem Rasen vor ihrem Haus zu spielen. Beim Abschlussball ihrer Highschool gehörte Kamala zu einer Gruppe, die ohne vorherige feste Verabredung teilnahm, damit sich auch diejenigen einbezogen fühlten, die nicht um ein Date gebeten worden waren. Nach der Highschool studierte sie Politik- und Wirtschaftswissenschaften an der Howard University, ein traditionell schwarzes College, was sie als prägende Erfahrung bezeichnete. Im Jahr 1989 erwarb sie einen Abschluss in Rechtswissenschaften am Hastings College.

Harris arbeitete als stellvertretende Bezirksstaatsanwältin in Oakland und bearbeitete ein breites Spektrum an Strafsachen – vom Drogenhandel bis zum sexuellen Missbrauch von Kindern – und stieg bald zur Bezirksstaatsanwältin auf. Im Jahr 2010 kandidierte sie für das Amt der General-

staatsanwältin von Kalifornien und gewann mit knappem Vorsprung, womit sie die erste Frau auf diesem Posten in diesem Bundesstaat wurde. Während dieser Zeit heiratete sie den Anwalt Doug Emhoff und wurde Stiefmutter seiner beiden Kinder, die sie nach eigener Aussage »Momala« nennen.

Eine Rede auf dem Parteitag der Demokraten und ihr Ruf als aufstrebende Nachwuchskraft ebneten Kamala Harris den Weg zur Kandidatur für den US-Senat im Jahr 2016, nachdem die langjährige liberale Senatorin Barbara Boxer ihren Rücktritt angekündigt hatte. Harris setzte sich für die Erhöhung des Mindestlohns sowie für eine Einwanderungs- und eine Bildungsreform ein und bekam doppelt so viele Stimmen wie ihre Konkurrentin.

Sie war die erste Amerikanerin mit südasiatischen Wurzeln im Senat und erst die zweite schwarze Frau. Sie wurde dadurch bekannt, dass sie ihre Erfahrungen als ehemalige Staatsanwältin bei der Befragung von Zeugen in Senatsausschüssen nutzte.

2019 kündigte Harris an, dass sie eine Präsidentschaftskandidatur für die Demokraten bei den Wahlen 2020 anstrebte. Anfänglich war sie aufgrund ihrer Debattenstärke eine der Spitzenanwärterinnen, nahm aber schließlich die Einladung von Joe Biden an, als »Running Mate« anzutreten.

Kamala Harris war die erste Woman of Color auf dem nationalen Wahlzettel einer großen Partei. Die turbulente Wahl wurde vom amtierenden Präsidenten Donald Trump angefochten, aber Präsident Joe Biden und Vizepräsidentin Kamala Harris gewannen mit 51,3 Prozent der Stimmen gegenüber 46,8 Prozent der Stimmen für Trump. Zu Harris' Aufgabengebieten gehörten bzw. gehören neben der Bewältigung der COVID-19-Pandemie und der Gesetzgebungsagenda auch das Wahlrecht und die Einwanderung aus Mittelamerika.

Kamala Harris war während ihrer Karriere bei zahlreichen Aufgaben die Erste und sagt, sie sei »entschlossen, nicht die Letzte zu sein«.

Benazir Bhutto

PAKISTAN

1988 wurde Benazir Bhutto zur ersten Premierministerin von Pakistan gewählt.

Zulfikar Ali Bhutto hatte seiner Tochter eingeschärft, dass ihre privilegierte Stellung auch eine Verpflichtung mit sich bringe: »Du musst zurückkommen und diese Schuld begleichen, indem du deinem Volk dienst.« Benazir Bhutto wurde 1953 in Karatschi als Tochter einer prominenten Politikerfamilie mit zahlreichen Bediensteten geboren, in einem von Armut gezeichneten Land. Ihr Vater war Anwalt und Politiker. Selbst ihre Mutter – obwohl selbst Offizierin in der Nationalgarde – zweifelte an den Erziehungsprinzipien ihres Ehemanns: »Wozu braucht sie Bildung? Kein Mann wird sie heiraten wollen.« Er antwortete: »Jungen und Mädchen sind gleich. Ich möchte, dass meine Tochter die gleichen Chancen bekommt.«

Benazir wurde in einer katholischen Mädchenschule in Karatschi erzogen, wo Mutter Eugene ihr zum Nachdenken anregende Gedichte beibrachte und ihre Denkweise beeinflusste. Mit 16 Jahren verließ Benazir ihr Elternhaus, um in Harvard zu studieren. Die Demonstrationen der auf dem Campus gegen den Vietnamkrieg protestierenden Studenten prägten ihr Verständnis von der Macht eines Volks. Anschließend studierte sie Philosophie, Politik und Wirtschaft an der Universität Oxford, wo sie als erste Nichtbritin zur Präsidentin der Debattiergesellschaft Oxford Union gewählt wurde.

Einige Tage nach ihrer Rückkehr nach Pakistan 1977 ergriff das Militär die Macht; ihr soeben zum Premierminister gewählter Vater wurde inhaftiert. Zwei Jahre später wurde er von der Militärregierung unter General Zia-ul-Haq hingerichtet. Benazir Bhutto berichtet, bei ihrem letzten Treffen mit ihrem Vater habe er ihr gesagt, sie solle ins Ausland gehen, um frei zu sein, aber sie berührte ihn durch die Gefängnisgitter hindurch und sagte ihm, sie werde den Kampf um die Demokratie fortsetzen.

In der Folgezeit wurde Benazir Bhutto mehrmals verhaftet und insgesamt drei Jahre lang inhaftiert. Nach einer Erkrankung und auf Druck aus dem Ausland konnte sie nach London ausreisen, wo sie eine Untergrundorganisation gründete, um gegen die Diktatur Widerstand zu leisten. 1986 erlaubte die Regierung wieder politische Parteien, und Bhutto kehrte nach Pakistan zurück, wo sie von einer großen Menschenmenge begrüßt wurde und den Rücktritt von General Zia forderte.

Benazir Bhutto wurde gemeinsam mit ihrer Mutter zu Vorsitzenden der ehemaligen Partei ihres Vaters, der Pakistanischen Volkspartei (PPP), gewählt. Als Zia-ul-Haq bei einem Flugzeugabsturz ums Leben kam, wurden 1988 freie Wahlen abgehalten, die die PPP gewann. Benazir Bhutto war erst 35 Jahre alt und damit nicht nur die jüngste Person in einem Ministerpräsidentenamt weltweit, sondern auch die erste Regierungschefin in der islamischen Welt. Sie machte Ernährung, Wohnungsbau und Gesundheitsfürsorge zu ihren Prioritäten, hatte aber versprochen, den pakistanischen Militärhaushalt nicht zu kürzen, was weniger Geld für soziale Veränderungen bedeutete. Nach zwei Jahren wurde sie entlassen. Als sie 1993 ein zweites Mal ins Amt kam, setzte sie sich für die Stromversorgung auf dem Land ein und ließ Schulen bauen, wurde aber wegen angeblicher Misswirtschaft und Korruption erneut aus dem Amt entlassen. Im Jahr 1999 wurde die Regierung vom Militär gestürzt und Bhutto musste zurück ins Exil nach London.

Im Jahr 2007 kehrte Benazir Bhutto trotz Morddrohungen islamischer Extremisten und Anfeindungen durch die Regierung nach Pakistan zurück. Ihr Sieg bei den für 2008 angesetzten Parlamentswahlen galt als wahrscheinlich, doch ein Attentäter schoss auf ihr Auto, bevor er eine Bombe zündete, die mehr als 20 Zuschauer und ihn selbst tötete. Auch Bhutto erlag ihren Verletzungen. Im ganzen Land brachen Unruhen aus.

Benazir Bhuttos Vermächtnis ist umstritten, aber ihr Kampf für die Demokratie lässt sich nicht leugnen. Sie hat Frauen auf der ganzen Welt beeinflusst, darunter auch ihre Landsfrau Malala Yousafzai.

Georgina Beyer

NEUSEELAND

Georgina Beyer wurde 1999 als erste transsexuelle Person der Welt in ein Parlament gewählt.

Als Georgina Beyer einen Sitz im neuseeländischen Parlament gewann, war die Überraschung groß, denn ihr Wahlkreis Wairarapa ist ein konservativer ländlicher Wahlbezirk. Sie selbst gab sich bescheiden und verwies auf ihre Wähler: »Das Ergebnis sagt weniger über mich als über ihre wunderbare Haltung aus.«

Die 1957 in Wellington geborene Georgina Beyer stammt von den Māori ab und wurde als Mann geboren. Mit 16 verließ sie die Schule, um sich der Schauspielerei zu widmen, und trat als Twen als Sängerin und Dragqueen in der queeren Nachtclubszene von Wellington auf.

Beyer fühlte sich aus der Mainstream-Gesellschaft herausgedrängt und sagte über ihre Community: »Viele von uns landeten als Sexarbeiter am Rande der Gesellschaft und wurden völlig marginalisiert. Ich selbst wurde brutal misshandelt und ausgebeutet. So etwas wie eine Gruppenvergewaltigung ertragen zu müssen, bringt dich entweder um – oder doch nicht.«

Georgina Beyer empfand ihre geschlechtsangleichende Operation im Jahr 1984 als befreiende Erfahrung. Danach schlug sie eine erfolgreiche Karriere als Schauspielerin ein und wurde 1987 für den neuseeländischen Film- und Fernsehpreis als beste Schauspielerin nominiert.

Sie zog nach Carterton, eine landwirtschaftlich geprägte Gegend in der neuseeländischen Region Wairarapa, wo sie als Radiomoderatorin und Sozialarbeiterin arbeitete und sich für die Verbesserung der Lebensbedingungen von Kindern auf dem Land einsetzte. Ihr Aktivismus führte sie in die Politik und sie wurde 1993 als erste Māori für die Labour Party in den Bezirksrat gewählt. Beyer beriet sich im Auftrag der Regierung zum ersten Mal nach 100 Jahren mit dem örtlichen Volk der Iwi. Im Jahr 1995 wurde sie zur Bürgermeisterin von Carterton gewählt, der ersten transsexuellen

Kommunalchefin der Welt. Später errang sie einen Sitz im Parlament und wurde am 10. Dezember 1999 vereidigt.

In ihrer Antrittsrede würdigte Georgina Beyer ihren Status als erste transsexuelle Abgeordnete und Neuseelands Pioniertat: »Wir müssen anerkennen, dass unser Land in so vielen Bereichen eine Vorreiterrolle spielt. Wir haben den Weg für das Frauenwahlrecht geebnet. Wir haben in der Vergangenheit eine Vorreiterrolle eingenommen, und ich hoffe, dass wir dies auch in Zukunft in der Sozialpolitik und sicherlich bei den Menschenrechten tun werden.«

Georgina Beyer war acht Jahre lang an der Regierungsarbeit beteiligt, darunter maßgeblich an der Verabschiedung des Prostitutionsreformgesetzes im Jahr 2003, das die Prostitution entkriminalisierte und auf das Wohl und die Sicherheit von Sexarbeitenden abzielte. Ihre Rede, in der sie von ihren eigenen Erfahrungen berichtete, wurde mit tosendem Applaus bedacht und soll drei Abgeordnete umgestimmt haben, sodass die für die Verabschiedung des Gesetzes erforderliche Mehrheit zustande kam.

Während ihrer Amtszeit setzte sich Georgina Beyer für LGBTQIA+-Anliegen ein, unter anderem für die Legalisierung gleichgeschlechtlicher Lebenspartnerschaften. Außerhalb der Politik tanzten Georgina und ihr Partner Michael Hoggard 2005 den Foxtrott in der beliebten Fernsehshow *Dancing with the Stars* (das neuseeländische Gegenstück zu *Let's Dance*). Nach einer schweren Erkrankung zog sich Georgina aus der Politik zurück und erklärte: »Ich vertraue darauf, dass die jüngere Generation auf meinen Schultern stehen wird, so wie ich auf den Schultern derer stand, die vor mir kamen. Ich habe meinen Teil dazu beigetragen, etwas zu bewegen. Jetzt seid ihr dran.«

Georgina Beyer starb am 6. März 2023 in einem Hospiz in Wellington.

Violeta Barrios de Chamorro

NICARAGUA

1990 wurde Violeta Barrios de Chamorro zur ersten Präsidentin von Nicaragua gewählt.

Violeta Barrios erlebte eine behütete Kindheit, ungeachtet des in ihrem Heimatland Nicaragua tobenden Bürgerkriegs. Sie wurde 1929 in Rivas als Tochter einer wohlhabenden Viehzüchterfamilie geboren und wuchs mit Reiten und Schwimmen im Nicaraguasee auf. 1936 übernahm Anastasio Somoza mit Unterstützung der USA die Macht und errichtete eine Diktatur. Violeta wurde auf eine katholische Mädchenschule in Texas geschickt und besuchte anschließend das College in Virginia, brach es aber ab und kehrte nach Nicaragua zurück, als ihr Vater an Lungenkrebs starb.

Als 19-Jährige lernte sie Pedro Joaquín Chamorro kennen, dessen Familie die Zeitung *La Prensa* herausgab. Sie heirateten und bekamen fünf Kinder. Violeta unterstützte Pedro 27 Jahre lang bei seiner Arbeit als Herausgeber der Zeitung. Er kämpfte freimütig gegen die Somoza-Diktatur und wurde mehrmals inhaftiert. Als man sie der Mitwisserschaft an einem Komplott zur Ermordung Somozas bezichtigte, flohen Violeta und Pedro mit einem Kanu über den Fluss San Juan nach Costa Rica und kehrten erst nach einer Amnestie nach Nicaragua zurück.

Im Jahr 1978 wurde ihr Mann ermordet, und sein Tod war einer der Auslöser für die Revolution, die von der Sandinistischen Nationalen Befreiungsfront angeführt wurde und die Somoza-Regierung stürzte. Violeta Barrios de Chamorro wurde eingeladen, der Regierungsjunta beizutreten, lehnte aber schon 1979 die zunehmend autoritäre Politik der Sandinisten ab und wurde zu deren stärkster Opponentin. Sie übernahm die Zeitung *La Prensa* und nutzte dieses Medium, um die Rückkehr zur Demokratie zu fordern. Deshalb wurde die Redaktion häufig geschlossen und die Zeitung schließlich bis 1987 verboten.

Anfang der 1980er-Jahre bekamen die Überreste des Somoza-Militärs von den USA finanziell Unterstützung, und in den ländlichen Gebieten brachen erneut Kämpfe aus, die viele Opfer forderten. Ende der 1980er-Jahre war der Lebensstandard niedriger als ein Jahrzehnt zuvor und die Inflation geriet außer Kontrolle. Chamorros eigene Familie versinnbildlichte die tiefe Spaltung des Landes: Zwei ihrer Kinder unterstützten die Sandinisten, zwei waren gegen sie. Sie selbst propagierte das Beispiel ihrer Familie, durch die ein politischer Riss ging, die aber dennoch in der Lage war, sich gegenseitig zu respektieren und zu lieben, als Vorbild dafür, dass sich das Land wieder einen ließe.

Ein Ende des Guerillakriegs wurde 1989 unter der Bedingung ausgehandelt, dass 1990 freie Wahlen stattfinden würden. Chamorro wurde als Vorsitzende einer Koalition von 14 politischen Parteien, der Vereinigten Nationalen Opposition (UNO), gewählt, die außer dem Ziel, die Sandinisten zu entmachten, wenig gemeinsam hatten. Während des Wahlkampfs rang sie mit gesundheitlichen Problemen. Sie schrieb: »In der Macho-Kultur meines Landes glaubten nur wenige, dass ich als Frau und Invalidin die Kraft, die Energie und den Willen haben würde, einen anstrengenden Wahlkampf durchzustehen.« Den Umfragen zum Trotz, die einen Sieg der Sandinisten voraussagten, gewannen Chamorro und die UNO mit 55 Prozent der Stimmen.

Während ihrer Präsidentschaft hielt Violeta Barrios de Chamorro an der Versöhnungspolitik fest, unter anderem in Form einer Amnestie für politische Verbrechen. Sie selbst bat die Nationalversammlung, jene fünf Männer zu begnadigen, die der Ermordung ihres Mannes beschuldigt wurden. Ihre Reformen schlossen die Abschaffung der Wehrpflicht, die Privatisierung mehrerer staatseigener Unternehmen und die Aufhebung der Zensur ein. Eine Reihe von Sandinisten blieb in der Regierung, was zur Erhaltung des brüchigen Friedens unter ihrer Führung beitrug. Entscheidend war, dass sie die Macht friedlich übergeben konnte, als ihre Amtszeit im Januar 1997 endete.

REPUBLICA DE NICARAGUA
AMERICA CENTRAL

Farrochru Parsa

IRAN

1963 gehörte Farrochru Parsa zu den ersten Frauen, die in das iranische Parlament gewählt wurden, und 1968 war sie die erste Frau, die Ministerin im Kabinett wurde.

Zum Zeitpunkt der Geburt von Farrochru Parsa stand ihre Mutter unter Hausarrest. Es war der Jahresbeginn 1922, und Fakhr Afagh war Herausgeberin der Zeitschrift *Jahan-e Zanan (Welt der Frauen)*. In ihren Artikeln hatte sie eine gleichberechtigte Bildung für Mädchen gefordert und damit den persischen Klerus verärgert. Dieser übte Druck auf die Regierung aus, um sie aus der Hauptstadt Teheran zu entfernen und die Familie in die Stadt Ghom zu schicken. Unter dem Einfluss ihrer Mutter wurde Farrochru zu einer unermüdlichen Kämpferin für die Rechte der Frauen im Iran.

Nachdem die Familie nach Teheran zurückkehren durfte, wurde Farrochru in die Schule und anschließend auf die Hochschule geschickt, wo sie einen Abschluss in Naturwissenschaften machte und Biologielehrerin wurde. Sie stieg zur Schuldirektorin auf und machte Überstunden, um Frauen in Gefängnissen zu besuchen und zu unterrichten. Sie heiratete, bekam vier Kinder und studierte an der Universität von Teheran, wo sie 1950 ihren Abschluss als Ärztin machte.

Farrochru Parsa forderte in einem Schreiben an den Schah Mohammad Reza Pahlavi das Frauenwahlrecht, und der Schah zeigte sich offen für diese Idee, indem er schrieb: »Mein Volk besteht nicht nur aus Männern.« 1963 stand das Thema ganz oben auf der öffentlichen Agenda, doch der Klerus lehnte die Idee entschieden ab. Der Schah kündigte ein Reformprogramm an, was zu großen Demonstrationen führte, bei denen das Frauenwahlrecht mit Prostitution gleichgesetzt wurde. Die Reform fand jedoch statt, und noch im selben Jahr nahmen Frauen sowohl als Wählerinnen als auch als Kandidatinnen an den Wahlen zum 21. Madschles (dem Parlament) teil. Sechs Frauen, darunter Farrochru Parsa, wurden gewählt. In der Versammlung war sie eine treibende Kraft bei der Gesetzgebung für die Rechte der Frauen und saß im Bildungsausschuss.

1968 wurde Parsa Bildungsministerin und war damit die erste Frau auf einem Kabinettsposten im Iran. Während ihrer Amtszeit als Ministerin förderte sie Frauen innerhalb des Ministeriums, ordnete die Einrichtung gemischter Gymnasien für Jungen und Mädchen in ländlichen Gebieten an, um Mädchen eine weiterführende Ausbildung zu ermöglichen, und überwachte die rasche Entwicklung des Bildungswesens zur Bekämpfung des Analphabetismus. Während ihrer Amtszeit gründete sie mehrere Organisationen, darunter die Iranische Frauenorganisation, das Haus der Frauen, den Frauensportrat und die Iranische Frauenuniversitätsvereinigung.

Die Islamische Revolution, die 1979 zum Sturz des Schahs führte, hatte zur Folge, dass viele der gerade erworbenen Rechte für Frauen abgeschafft oder zurückgenommen wurden. Es kam zu Massenprotesten, aber Frauen, die sich daran beteiligten, wie Farrochru Parsa, wurden von der neuen islamischen Republik als Bedrohung angesehen. Sie lebte eine Zeit lang versteckt, wurde aber 1980 zusammen mit ihrem Mann verhaftet und unter anderem wegen »Plünderung der Staatskasse, Verbreitung von Korruption auf Erden und Verbreitung von Prostitution im Bildungsministerium« angeklagt.

In ihrer letzten Nachricht aus der Gefängniszelle an ihre Kinder schrieb Farrochru Parsa: »Ich werde mich nicht vor jenen verneigen, die erwarten, dass ich meine 50 Jahre dauernden Bemühungen um die Gleichstellung von Männern und Frauen bereue.« Sie wurde am 8. Mai 1980 hingerichtet. Es wurde berichtet, dass der Versuch, sie zu hängen, fehlschlug und sie schließlich mit drei Schüssen getötet wurde. Ihre letzten Worte lauteten angeblich: »Das Gericht, das mich verurteilt hat, diskriminiert zwischen Männern und Frauen, und ich hoffe, dass die Zukunft für die Frauen besser sein wird als mein heutiges Los.«

Elvia Carrillo Puerto

MEXIKO

Elvia Carrillo Puerto war 1923 eine der ersten drei Frauen, die in ein mexikanisches Parlament gewählt wurden.

Wie viele Frauen, die in der Politik Bahnbrechendes leisteten, wurde Elvia Carrillo Puerto zu einer Zeit geboren, in der man Mädchen das Recht auf Bildung bestritt. Sie dagegen genoss das Glück einer umfassenden Schulbildung. Elvia besuchte die erste weiterführende Schule für Mädchen im Bundesstaat Yucatán, die von der Lehrerin, Dichterin und Feministin Rita Cetina Gutiérrez gegründet wurde. Diese lehnte die übliche Mädchenausbildung mit ihrer Ausrichtung auf das Erlernen häuslicher Fertigkeiten ab.

Elvia Carrillo Puerto wurde um 1881 geboren und wuchs in der kleinen Stadt Motul auf. Sie war das sechste von 14 überlebenden Kindern und hatte ein enges Verhältnis zu ihrem jüngeren Bruder Felipe, der später ihr treuer Verbündeter werden sollte. Elvia ging im Alter von 19 Jahren die Ehe mit einem örtlichen Lehrer ein, wurde aber nach zwölf Jahren Witwe. Eine weitere Ehe endete ebenfalls unglücklich, und das Recht auf Scheidung wurde in den kommenden Jahren zu einem ihrer politischen Hauptziele.

Im Jahr 1910 beteiligte sich Carrillo Puerto an einer Rebellion, die das Volk dazu aufrief, sich gegen den Gouverneur des Bundesstaats zu erheben. Diese Bewegung wurde später als »erster Funke der mexikanischen Revolution« gewürdigt. Elvia Carrillo Puerto gehörte zu den mexikanischen Frauen, die an vorderster Front kämpften, und wurde als *Monja Roja del Mayab* (Rote Nonne der Halbinsel Yucatán) bekannt. Nach der Revolution war sie eine der Gründerinnen der feministischen Liga »Rita Cetina Gutiérrez« (1919), die Frauen dazu aufrief, sich zu vereinen und für das Wahlrecht, Hygiene, Alphabetisierung und Geburtenkontrolle zu kämpfen. Organisierte Gruppen waren zu dieser Zeit weit verbreitet und mündeten in die Gründung der Sozialistischen Partei, für die Elvia kandidieren sollte. Unermüdlich arbeitete sie für ihr Ziel, eine Abstimmung über das

Frauenwahlrecht in Mexiko-Stadt zu erzwingen, aber ihre Parteigenossen hatten andere Prioritäten. Der Durchbruch kam, als ihr Bruder Felipe 1921 zum Gouverneur von Yucatán gewählt wurde. Felipe führte das aktive und passive Wahlrecht für Frauen ein, die Geburtenkontrolle wurde legalisiert und die ersten legalen Kliniken für Familienplanung wurden gegründet. Auch die Scheidung wurde legalisiert, und sowohl Felipe als auch Elvia gehörten zu den Ersten, die von dem neuen Gesetz Gebrauch machten.

Im Jahr 1923 war Elvia Carrillo Puerto eine von drei Frauen, die in den örtlichen Kongress einzogen. Alle drei waren von Rita Cetina Gutiérrez ausgebildet worden. In ihrem Amt setzte sich Carrillo Puerto weiterhin für die Frauenförderung und die Landreform ein, doch ihr Bruder und politischer Verbündeter Felipe wurde 1924 ermordet. Sie versuchte, ihre parlamentarische Arbeit fortzuführen, war aber gezwungen, das Amt aufzugeben, nachdem sie Morddrohungen erhalten hatte. Die meisten Reformen wurden wieder rückgängig gemacht und das Frauenwahlrecht wurde aufgehoben. Carrillo Puerto zog nach San Luis Potosí, wo Frauen weiterhin wählen und kandidieren konnten, und bewarb sich 1925 um einen Parlamentssitz. Während des Wahlkampfs wurde acht Mal auf sie geschossen. Sie gewann zwar, aber das Abgeordnetenhaus weigerte sich, ihr den Sitz zu überlassen.

Elvia Carrillo Puerto setzte sich den Rest ihres Lebens für Gleichberechtigung ein, und 1953 erhielten die Frauen in Mexiko schließlich das Wahlrecht. Erst jetzt bekam die unermüdliche Vorkämpferin eine gewisse Anerkennung für ihre Arbeit, sie selbst lebte aber den Rest ihres Lebens in ärmlichen Umständen und starb 1968 in Mexiko-Stadt.

2013 stiftete der mexikanische Senat einen Preis, der nach Elvia Carrillo Puerto benannt ist und der am 8. März, dem Internationalen Frauentag, an Frauen verliehen wird, die sich um die »Verteidigung, den Schutz, die Ausübung und die Untersuchung der Menschenrechte von Frauen und die Gleichstellung der Geschlechter in unserem Land« verdient gemacht haben.

Tsai Ing-wen

TAIWAN

2016 wurde Tsai Ing-wen zur ersten Präsidentin von Taiwan gewählt.

Beruflicher Erfolg wurde von mir nicht erwartet«, sagt Tsai Ing-wen über ihre Kindheit. Als jüngste Tochter von elf Kindern kam ihr die Rolle zu, später ihren Vater zu versorgen. Die 1956 in der Hauptstadt Taipeh geborene Ing-wen verbrachte ihre frühen Jahre in Fangshan, einer ländlichen Küstengemeinde, wo ihr Vater ein sehr erfolgreiches Autoreparatur- und Transportunternehmen betrieb. Man sagt, dass ihre gemischte ethnische Zugehörigkeit – indigen mütterlicherseits und Hakka väterlicherseits – es ihr ermöglicht, einen breiten Unterstützerkreis anzusprechen. Die Hakka machen etwa 15 Prozent der Bevölkerung Taiwans aus und bilden die zweitgrößte ethnische Gruppe auf der Insel.

Die Familie zog in die Hauptstadt, als Ing-wen elf Jahre alt war, und sie verbrachte ihre Teenagerzeit in der Innenstadt von Taipeh. Es folgten ein Abschluss an der renommierten juristischen Fakultät der Nationaluniversität Taiwan und dann ein Master-Abschluss an der Cornell University in New York. Sie fand, dies sei ein guter Ort für eine junge Frau, die sich nach »einem revolutionären Leben« sehnte. Schließlich promovierte sie in Rechtswissenschaften an der renommierten London School of Economics. Ihrem Aufenthalt in London verdankt sie einen leichten britischen Akzent, eine internationale Perspektive und ein gewachsenes Selbstbewusstsein. »Erst durch das Studium im Ausland habe ich meine heutigen Fähigkeiten und mein Selbstvertrauen erlangt«, sagt sie. Dann kehrte sie auf Wunsch ihres Vaters nach Taiwan zurück und unterrichtete Rechtswissenschaften an zwei Universitäten.

Sie gehörte zum Beraterkreis der Regierung und wurde im Jahr 2000 als parteilose Ministerin für Festlandsangelegenheiten ins Kabinett berufen. Ing-wen trat 2004 der Demokratischen Fortschrittspartei (DPP) bei und stieg vier Jahre später zur Vorsitzenden auf (bis 2012). Die DPP ist aus der

Demokratiebewegung hervorgegangen und strebt seit jeher die Unabhängigkeit Taiwans an, was die Volksrepublik China ablehnt, die Taiwan als Teil ihres Territoriums betrachtet.

Ihrem Erfolg zum Trotz wurde Tsai Ing-wen wegen ihres ruhigen Auftretens als »völlig untypische Akteurin in der Politik« beschrieben, aber hinter der sanften Schale verbirgt sich eine große Durchsetzungskraft. Eine diplomatische Depesche aus den USA aus dem Jahr 2008 fasste ihren Stil so zusammen: »Ihre zurückhaltende Persönlichkeit könnte auch ihre Konkurrenten schwächen, die gut daran täten, sie nicht zu unterschätzen.«

2014 kandidierte Tsai Ing-wen erneut für den Vorsitz der DPP, während die studentische Sonnenblumen-Bewegung weltweit Schlagzeilen machte, weil sie aus Protest gegen ein umstrittenes Handelsabkommen mit China das taiwanesische Parlament besetzte. Tsai Ing-wen ermutigte die Teilnehmer, in die DPP einzutreten. Mit deren Unterstützung errang sie bei den Präsidentschaftswahlen im Januar 2016 einen überwältigenden Sieg mit 56,12 Prozent der Stimmen. Sie versprach, Taiwan zu einem unverzichtbaren Mitglied der internationalen Gemeinschaft zu machen, indem sie die Wirtschaft mit Initiativen in den Branchen Biotechnologie, Verteidigung und grüne Energie ankurbelte, und sorgte dafür, dass Taiwan als erste asiatische Gesellschaft die gleichgeschlechtliche Ehe legalisierte.

Ungeachtet einer turbulenten ersten Amtszeit wurde sie 2020 wiedergewählt. Ihre Führungsrolle während der COVID-19-Pandemie galt zunächst als weltweit vorbildlich, doch dann begann eine schwierige Phase des »Lernens, um mit der Krankheit zu leben«.

Die Presse stellt Tsai Ing-wen mit Vorliebe als jemanden dar, der – am liebsten in Gesellschaft von Hauskatzen – ständig über Politik nachdenkt und sich laufend über das Thema informiert, aber sie selbst sagt: »Die Leute schätzen mich als konservative Person ein, aber eigentlich bin ich ziemlich abenteuerlustig.«

Mia Amor Mottley

BARBADOS

2018 wurde Mia Amor Mottley zur ersten Premierministerin von Barbados gewählt.

Als Kind soll Mia Amor Mottley einmal zu einem Lehrer gesagt haben, dass sie die erste Premierministerin von Barbados werden würde. Ihre Familiengeschichte ließ eine solche Voraussage nicht abwegig erscheinen: Ihr Großvater war der erste Bürgermeister von Bridgetown, der Hauptstadt von Barbados, während ihr Vater Generalkonsul seines Landes in New York war. Mia wurde 1965 geboren, nur ein Jahr bevor Barbados seine Unabhängigkeit von Großbritannien erlangte. Sie besuchte die heimatliche Vorbereitungsschule und kurzzeitig die United Nations International School in New York. Sie habe, sagt sie, immer das Gefühl gehabt, eine »Brücke« zwischen der Vergangenheit und der Zukunft der *Bajan*, der Bewohner von Barbados, zu sein.

Mottley studierte Jura an der London School of Economics und wurde als Anwältin in England und Wales und später auf Barbados zugelassen. Im Alter von 26 Jahren ging sie 1991 in die Politik und war drei Jahre lang Senatorin für die Opposition in der Barbados Labour Party (BLP). Nach dem Sieg der BLP bei den Parlamentswahlen 1994 wurde sie mit nur 29 Jahren ins Bildungsministerium berufen und war damit eine der jüngsten Bajan, die jemals ein Ministeramt erlangten. Im Jahr 2001 wurde sie Generalstaatsanwältin – die erste Frau in diesem Amt.

Während ihres Wahlkampfs um das Amt des Premierministers im Jahr 2018 machten ihre politischen Konkurrenten persönliche Bemerkungen über ihr Haar und ihre Kleidung sowie über ihren Status als alleinstehende Frau. Die Unterstützung der berühmtesten Bajan der Welt, Rihanna, führte zu Spekulationen in den Medien, dass der Musikstar Mottley zum Wahlsieg verholfen habe. Im Mai 2018 führte sie die Barbados Labour Party zu einem Erdrutschsieg, gewann alle 30 Parlamentssitze und wurde Premierministerin.

Im Jahr 2021 setzte Mottley den seit Langem im Volk bestehenden Wunsch um, die britische Königin als Staatsoberhaupt durch die republikanische Staatsform mit einem gewählten Präsidenten abzulösen. Angesichts der Kritik, kein Referendum zu diesem Thema abgehalten zu haben, sagte sie: »Die Reform unterstreicht, dass es jedem Jungen und Mädchen von hier möglich sein muss, das Staatsoberhaupt dieser Nation zu werden. Es ist nicht nur ein Gesetz, sondern auch ein Symbol dafür, wer oder was wir weltweit werden können.« Ungeachtet der geringen Größe ihrer Nation verschafft sie sich beim Thema Klimawandel Gehör und argumentiert, dass Inseln wie die in der Karibik besonders anfällig sind: »Wir haben die Explosion der Treibhausgasemissionen nicht verursacht, aber wir stehen an vorderster Front.« Mit einem Verweis auf die amerikanische Politikpionierin Shirley Chisholm (siehe Seite 131) beschrieb sie ihre Methode, kleinen Nationen Gehör zu verschaffen: »Ich bringe einen Klappstuhl an den großen Tisch mit.«

Zuletzt kündigte Mottley an, ein Referendum über die gleichgeschlechtliche Ehe abzuhalten und diplomatische Vertretungen in Ghana, Kenia, Marokko und den Vereinigten Arabischen Emiraten zu eröffnen. Ihre kraftvolle Rhetorik und ihre direkte Art, sich an andere Staats- und Regierungschefs zu wenden, findet weltweit Anerkennung. Bei den Vereinten Nationen sorgte sie 2021 mit ihrer Rede zur COVID-19-Pandemie für Aufsehen, in der sie den versammelten Delegierten erklärte: »Wenn wir den Willen aufbringen können, Menschen auf den Mond zu schicken und die männliche Kahlköpfigkeit zu bekämpfen, dann können wir auch so einfache Probleme lösen, wie unsere Leute satt zu bekommen.«

Im Jahr 2022 startete Mia Amor Mottley in ihrer Hauptstadt die Bridgetown-Initiative. Ein von Geberländern, Investoren, IWF und Weltbank eingerichteter neuer globaler Klimafonds soll bei Investitionsprojekten dem Klimaschutz Priorität gegenüber einer potenziellen Rendite gewähren. Mottley regte außerdem eine Steuer auf den Verbrauch fossiler Energien an, um Klimafolgen in ärmeren Ländern ausgleichen zu können.

Constance Markiewicz

IRLAND

1918 wurde Constance Markiewicz als erste Frau ins britische Parlament gewählt. Sie gehörte auch als einzige Frau dem irischen Revolutionsparlament Dáil Éireann an.

Constance Georgine Gore-Booth stammte aus einer aristokratischen anglo-irischen Familie und war das erste von fünf Kindern von Georgina und Henry Gore-Booth, dem fünften Baronet von Sligo. 1868 geboren, wuchs sie in der Grafschaft Sligo im Nordwesten der irischen Insel auf, wo sie reiten und segeln lernte, während sie zu Hause unterrichtet wurde. Mit 19 Jahren ging sie nach London, um sich dort zu amüsieren. Man erwartete von ihr, standesgemäß zu heiraten, aber sie überredete ihre Eltern, sich an der Slade School of Art einschreiben zu dürfen, wo sie mit Frauenrechtlerinnen in Kontakt kam und der National Union of Women's Suffrage beitrat.

Constance zog dann zum Studium nach Paris, wo sie den polnischen Künstler Graf Kazimierz Dunin-Markiewicz kennenlernte und ihn heiratete. In Dublin arbeitete Constance Markiewicz als Landschaftsmalerin, doch ihr Interesse an der nationalistischen Bewegung wuchs und sie schloss sich der revolutionären Frauengruppe »Töchter Irlands« und der republikanischen Partei Sinn Féin an. Im Jahr 1909 trennte sie sich einvernehmlich von ihrem Mann. Sie widmete sich fortan dem nationalen Unabhängigkeitsstreben und gründete unter anderem die Fianna na hÉireann (Irische Krieger), eine republikanische Organisation, die sich an den Pfadfindern orientierte.

Im Jahr 1911 wurde sie zum ersten Mal verhaftet, weil sie gegen den Besuch von König Georg V. in Irland demonstriert hatte. Der Rest ihres Lebens stand im Zeichen von politischem Aktivismus und Inhaftierungen. Während des irischen Osteraufstands von 1916, einer bewaffneten Erhebung gegen die britische Regierung, war sie stellvertretende Befehlshaberin einer Truppe von Kämpfern der Bürgermiliz auf dem St. Stephen's

Green in Dublin. Die Aufständischen ergaben sich nach einer Woche, und Berichten zufolge küsste Markiewicz ihren Revolver, bevor sie ihn den Briten aushändigte. Sie kam als einzige Frau vor ein Kriegsgericht und wurde zum Tod durch Erschießen verurteilt. Die Strafe wurde aufgrund ihres Geschlechts in lebenslange Haft umgewandelt, aber nach etwas mehr als einem Jahr wurde sie im Rahmen einer allgemeinen Amnestie freigelassen.

Constance Markiewicz wurde daraufhin in den Vorstand der Sinn Féin gewählt, doch es dauerte nicht lange, bis sie wieder im Gefängnis saß, diesmal unter dem Vorwurf einer Verschwörung gegen die britische Regierung. Man schlug ihr vor, bei den bevorstehenden britischen Parlamentswahlen für Sinn Féin zu kandidieren. Constance wurde 1918 gewählt, während sie noch im Holloway-Gefängnis einsaß. Von 17 Kandidatinnen wurde sie als einzige gewählt. Weil die Abgeordneten einen Treueeid auf den König schwören mussten – was für die Mitglieder der Sinn Féin undenkbar war –, trat Constance ihr Mandat in Westminster nie an. Stattdessen bildeten die irischen Republikaner ihr eigenes provisorisches Parlament, den Dáil Éireann.

Nach ihrer Entlassung aus dem Gefängnis im Jahr 1919 kehrte Constance nach Irland zurück und wurde Mitglied des Dáil Éireann. Als Arbeitsministerin war sie die erste Kabinettsministerin Irlands und sogar Europas. Sie kam mehrmals ins Gefängnis und wurde noch zweimal in Ämter gewählt, musste aber schließlich untertauchen, als ihre ehemaligen Genossen, die den Friedensvertrag mit Großbritannien ablehnten, in den 1922/23 tobenden Bürgerkrieg verwickelt wurden.

Bei den Wahlen von 1927 gewann Markiewicz als Gründungsmitglied der neuen republikanischen Partei Fianna Fáil einen Parlamentssitz, doch ihr Gesundheitszustand war schlecht. Sie verschenkte ihren Besitz für wohltätige Zwecke, erklärte öffentlich ihre Armut und starb noch im selben Jahr. Am Tag ihrer Beerdigung säumten Tausende die Straßen, und der künftige Präsident Irlands, Éamon de Valera, hielt die Trauerrede: »Die Freundin der Werktätigen, die Geliebte der Armen. Sie verzichtete auf Eleganz und Ansehen und ging den harten Weg des Dienstes für die Schwachen und Unterdrückten.«

Ethel Blondin-Andrew

KANADA

1988 wurde Ethel Blondin-Andrew als erste indigene Frau ins kanadische Parlament gewählt und 1993 erste indigene Ministerin in ihrem Land.

Als sie 2019 auf ihr Leben zurückblickte, sagte Ethel Blondin-Andrew: »Mein ganzes Leben lang wurde ich unterschätzt. Niemand traute mir den Erfolg zu, obwohl die Leute inzwischen auf Stapel von Bibeln schwören, sie hätten es ja schon immer gewusst. Das glaube ich nicht! Ich erinnere mich an die Herausforderungen, die Kritik und die Herabsetzungen, aber gerade das war meine Stärke. Gerade dann kann man sich beweisen.«

Ethel wurde 1951 in den Nordwest-Territorien Kanadas in eine Familie der Mountain Dene, einem indigenen Volk der First Nations, geboren. Über ihre Kindheit sagte sie, ihre Familie habe sie gelehrt, »das Land, die Tiere und die Menschen zu lieben und zu respektieren«. Sie wuchs auf dem Land auf und reiste mit einem Hundegespann, einem Boot und zu Fuß. 1959 wurde Ethel mit einem Frachtflugzeug in eine römisch-katholische Internatsschule für indigene Kinder im Norden geschickt. Das kanadische Internatssystem isolierte die Kinder von ihren Familien und ihrer Kultur. Inzwischen kommen laufend neue erschreckende Erkenntnisse über die Misshandlungen in diesen Einrichtungen an die Öffentlichkeit. Ethel lief von ihrer Schule weg und lebte mit anderen geflüchteten Kindern in einer Art Zeltstadt. Als Dene war sie an dieses Leben gewöhnt, aber nach einigen Monaten gelang es ihr, zu ihrer Familie zurückzukehren.

Ethel musste aufgrund ständiger gesundheitlicher Probleme am Rücken operiert werden. Im Alter von zwölf Jahren wurde Tuberkulose diagnostiziert; sie nutzte die lange Genesungszeit, um Sticken zu lernen. Als sie zur Schule zurückkehrte, wurde sie für ein Trainingsprogramm für Führungskräfte an einem College für talentierte Schüler ausgewählt. Das Ethos der akademischen Ausbildung und der Entwicklung von Führungsqualitäten habe aus ihr einen neuen Menschen gemacht, sagt sie. Im Jahr 1974 ging sie an die University of Alberta und erwarb einen Abschluss in Pädagogik

mit Schwerpunkt Linguistik. Ethel war alleinerziehende Mutter von zwei Kindern und nahm deshalb mehrere Teilzeitjobs gleichzeitig an. Man setzte sie unter Druck, die Kinder zur Adoption freizugeben, aber sie weigerte sich. Unter anderem unterrichtete sie in mehreren Gemeinden der Nordwest-Territorien als eine der ersten akkreditierten indigenen Lehrerinnen im Norden des Landes.

Aufgrund ihres Abschlusses und ihrer fließenden Beherrschung der Dene-Sprache North Slavey engagierte sich Blondin als Sprachspezialistin in der Erarbeitung von Strategien zur Erhaltung der indigenen Sprachen und Kultur. Ab 1984 war Ethel zunächst Leiterin und dann stellvertretende Direktorin des Indigenous Development Participation Programme im öffentlichen Dienst, was sie nach Ottawa und dann zurück nach Yellowknife, der Hauptstadt der Nordwest-Territorien, führte, wo sie stellvertretende Ministerin für Kultur und Kommunikation wurde. Mehrfach wurde sie gebeten, für den Territorialrat zu kandidieren, was sie jedoch ablehnte.

1988 fühlte sich Ethel schließlich für neue Aufgaben bereit und wechselte aus dem öffentlichen Dienst endgültig in die Bundespolitik, wo sie bei den allgemeinen Wahlen kandidierte und ihren Wahlkampf aus eigenen Ersparnissen finanzierte. Sie gewann den Sitz im Wahlkreis Western Arctic für die Liberalen und hielt ihre erste Rede im kanadischen Unterhaus in ihrer Stammessprache, wobei sie ihren eigenen Dolmetscher zur Verfügung stellte. Sie war 17 Jahre lang Abgeordnete, davon 13 Jahre im Kabinett, und verteidigte ihren Parlamentssitz in fünf aufeinanderfolgenden Wahlen. Sie arbeitete an der Verfassungs- und Wahlrechtsreform in Bezug auf die indigene Bevölkerung mit und war Staatssekretärin für Bildung und Jugend, ab 2003 Ministerin im gleichen Ressort und anschließend für die Entwicklung des Nordens zuständig.

Nach ihrer Niederlage bei den Bundeswahlen 2006 übernahm Ethel Blondin-Andrew die Leitung der Organisation, die die Durchführung des von ihrem Volk mit der Bundesregierung unterzeichneten Vergleichs über Landansprüche überwacht. Sie spricht regelmäßig über den Schutz indigener Völker angesichts des Klimawandels und über die Förderung der indigenen Völker. Auf die Frage, was ihr in ihrem politischen Leben besonders wichtig war, antwortete sie, dass sie sich immer Zeit für die Besucher aus dem ganzen Land genommen habe, denn »so wie man andere Menschen behandelt, bleibt man auch selbst in Erinnerung«.

Anna Boschek

ÖSTERREICH

1919 gehörte Anna Boschek zu den ersten acht Frauen, die ins österreichische Parlament gewählt wurden.

Kaum jemand kannte die Folgen von Kinderarbeit und die Gefahren am Arbeitsplatz im Europa des späten 19. Jahrhunderts besser als Anna Boschek. Sie hatte sie am eigenen Leib erlebt und widmete ihr Leben der Aufgabe, die Lage der arbeitenden Klasse zu verbessern. Anna wurde 1874 in Wien als drittes von acht Kindern geboren. Sie hatte gerade vier Jahre Volksschule hinter sich, als ihr Vater starb. Ohne den Lohn, den er als Eisenbahnschlosser nach Hause brachte, wäre die Familie verarmt, also brach sie die Schule ab und arbeitete ab ihrem neunten Lebensjahr.

Mit elf Jahren begann Anna in einer Fabrik zu arbeiten, zunächst in einer Perlenbläserei, dann in einer Galvanisierungswerkstätte, wo sie chemische Verbrennungen im Gesicht und an den Händen erlitt. Eine Lehre in einer Chinasilber-Fabrik musste sie wegen eines Augenleidens aufgeben. Sie arbeitete in verschiedenen gefährlichen Industrieberufen bei langen Arbeitszeiten und geringer Bezahlung, da es damals keine Gesetze zur Regelung von Kinderarbeit gab. Das Erlebnis der Solidarität unter den Arbeiterinnen brachte sie dazu, sich in der Gewerkschaftsbewegung zu engagieren und sich als Mitglied der Sozialdemokratischen Arbeiterpartei (SDAP) anzuschließen. Im Rahmen des Bildungsprogramms der Partei besuchte sie eifrig die Sonntagsvorlesungen, um sich jenes Wissen anzueignen, das ihr als Kinderarbeiterin entgangen war.

Ab 1894 arbeitete Boschek unmittelbar für die Gewerkschaft der Textilarbeiter, nahm an organisierten Streiks und Kundgebungen teil und wurde durch ihre kraftvollen Reden bekannt. Später wurde sie Sekretärin der österreichischen Gewerkschaftskommission und führte gemeinsam mit anderen Tausende von Frauen in die Gewerkschaftsbewegung und setzte sich für deren Rechte ein. Darüber hinaus engagierte sie sich stark in der SDAP und war die erste Frau im Parteivorstand. Auf dem Parteitag im Jahr

Gleichheit jetzt!
Verbot von Kinder-arbeit
Gerechte Bezahlung

1900 kritisierte sie die SDAP für ihr Versagen bei der Durchsetzung des Frauenwahlrechts. Es sollte noch 18 Jahre dauern, bis die österreichischen Frauen endlich das Wahlrecht erlangten und sich zur Wahl stellen durften. Anna Boschek wurde Anfang 1919 in den Nationalrat gewählt. Endlich konnte sie ihre Position nutzen, um jene Veränderungen herbeizuführen, für die sie ihr ganzes Leben lang gekämpft hatte: Anna und ihre Kolleginnen brachten Gesetze über den Achtstundentag, das Verbot der Kinderarbeit und die Einführung eines Mindestlohns ein.

Der Aufstieg des Faschismus in Europa setzte Annas Karriere ein Ende. Im Jahr 1933 wurde das österreichische Parlament aufgelöst, die Sozialdemokraten wurden politisch kaltgestellt und standen unter Beobachtung. Anna Boschek wurde verhaftet und sieben Wochen lang im Gefängnis festgehalten. Sie überlebte den Zweiten Weltkrieg, konnte aber aus gesundheitlichen Gründen nicht in die aktive Politik der Zweiten Republik nach 1945 zurückkehren. Sie blieb jedoch ihr ganzes Leben lang eine ständige Teilnehmerin an Parteiversammlungen. Im Alter von 80 Jahren hielt sie noch immer Vorträge bei politischen Schulungskursen, und im Sommer 1957, wenige Monate vor ihrem Tod, hatte sie ihren letzten Auftritt bei der Internationalen Sozialistischen Frauenkonferenz in Wien.

Heute sind eine städtische Wohnhausanlage in Wien-Favoriten und ein Platz in Wien-Floridsdorf nach ihr benannt, um an sie als politische Pionierin zu erinnern.

Bidhya Devi Bhandari

NEPAL

Bidhya Devi Bhandari wurde 2015 zur ersten Präsidentin von Nepal gewählt.

Eines der prägendsten Erlebnisse ihrer Kindheit war für Bidhya Devi Bhandari, wie ein wütender Mob eine ältere Frau als Hexe beschuldigte, sie verprügelte und folterte. Dies habe sie dazu gebracht, sich für die Rechte der Frauen einzusetzen. Bidhya wurde 1961 in Mane Bhanjyang im östlichen Hügelland Nepals in eine Bauernfamilie geboren. Sie besuchte die örtlichen Schulen und anschließend eine höhere Bildungseinrichtung in Biratnagar.

1978 trat Bidhya ohne das Wissen ihrer Familie in die Jugendliga der Kommunistischen Partei Nepals (Vereinigte Marxisten-Leninisten) ein. »Meine Mutter sagte, ich solle zu Hause bleiben und mich nicht der linken Politik anschließen, weil das damalige Regime die Kommunisten verfolgte und verhaftete.« Dennoch schloss sie sich 1979 der Studentenbewegung für Demokratie an, die von der Monarchie forderte, ihre politische Macht aufzugeben und ein Mehrparteiensystem einzuführen. Dies markierte den Beginn von Bidhyas politischer Karriere; sie wurde Vorsitzende der regionalen östlichen Studentenvereinigung. Die Proteste endeten in einem Referendum, das nur zu geringfügigen Änderungen am System führte, und Aktivisten wie Bidhya wurden in den Untergrund verdrängt. Während dieser Zeit lernte sie Madan Bhandari kennen, einen prominenten Führer der Bewegung. Sie heirateten 1982, bekamen zwei Töchter und setzten ihren Aktivismus gemeinsam fort.

1990 wurde in Nepal unter dem Druck der Volksbewegung die Demokratie wieder eingeführt, und Bidhyas Ehemann führte die Kommunistische Partei 1991 zum Wahlsieg. 1993 kam er aus ungeklärter Ursache bei einem Verkehrsunfall ums Leben, und Bidhya kandidierte bei der daraufhin anberaumten Nachwahl für seinen Sitz. Sie gewann gegen den ehemaligen Premierminister Krishna Prasad Bhattarai und wurde Parlamentsabgeordnete für Kathmandu. Gleichzeitig wurde sie zur Präsidentin der

All Nepal Women's Alliance (ANWA) gewählt und übte beide Ämter drei aufeinanderfolgende Wahlperioden lang aus. Im Jahr 1997 amtierte sie kurzzeitig als Ministerin für Umwelt und Bevölkerung und saß im Zentralkomitee ihrer Partei.

Bekannt ist sie für ihren Einsatz für Gleichberechtigung. 2006 führte sie erfolgreich eine Praxis ein, die ein Drittel der Sitze im nepalesischen Parlament für Frauen reservierte, ebenso wie in den politischen Strukturen des Staats auf allen Ebenen. Im Jahr 2009 übernahm sie als erste Frau das Verteidigungsministerium und im selben Jahr den stellvertretenden Parteivorsitz.

Im Jahr 2015 wurde Bidhya Devi Bhandari vom Parlament zur Präsidentin Nepals gewählt, als zweite in diesem Amt und als erste Frau. Ihre Aufgaben sind weitgehend repräsentativ und umfassen auch den Oberbefehl über die Streitkräfte. Sie versprach, sich weiter für die Rechte von Minderheiten und Frauen in Nepal einzusetzen. 2018 wurde sie wiedergewählt. Nach ihrem Sieg bei den Präsidentschaftswahlen sprach sie über die Rolle der Frauen in Nepal und sagte: »Viele Menschen meinen immer noch, dass Frauen nur Hausarbeit machen sollten. Sie werden immer noch misshandelt, diskriminiert und beleidigt.« Auf die Frage, worin sich eine Frau im Präsidentenamt von ihren männlichen Pendants unterscheide, antwortete sie: »Der Einfluss, den man auf die Mentalität der Menschen hat, ist unbezahlbar und unvergleichlich.«

Diane Abbott

GROSSBRITANNIEN

1987 zog Diane Abbott als erste Woman of Color ins britische Unterhaus ein.

Diane Abbott wuchs in einer eng vernetzten karibischen Gemeinschaft in London auf, wo sie 1953 geboren wurde. Beide Eltern stammten aus Jamaika und gehörten der sogenannten Windrush-Generation an, die zum Wiederaufbau Großbritanniens nach dem Zweiten Weltkrieg beitrug, aber nie offiziell einen Einwandererstatus erhielt. Die Rassenunruhen von Notting Hill im Jahr 1958 fanden in Laufweite ihres Hauses statt, und Diane erinnert sich, wie weiße Rassisten an die Türen klopften und nach Schwarzen suchten, die sie verprügeln konnten. Ihre Eltern legten großen Wert auf Bildung, und die Familie zog in einen Vorort, wo sie als einzige Schwarze die Prüfung für die Harrow County Grammar School bestand. Eine Lehrerin beschuldigte sie, einen Aufsatz abgeschrieben zu haben, weil sie nicht glauben wollte, dass Diane ihn geschrieben hatte. Dennoch war sie eine sehr erfolgreiche Schülerin, die den Wert einer Ausbildung zu schätzen wusste. Sie sagte: »Nur meine Bildung hat mich befähigt, voranzukommen und aufzusteigen. Bildung besitzt eine befreiende Wirkung.«

Ihre Schule förderte sie kaum, dennoch erhielt Diane Abbott einen Studienplatz am Newnham College in Cambridge. Sie trat 1971 in die Labour-Partei ein und studierte Geschichte, ein Fach, in dem sie nach eigener Aussage »etwas über Politik lernen« konnte. Im Anschluss an ihr Studium arbeitete sie im Innenministerium; auf die Frage, warum es sie ausgerechnet dort hinzog, antwortete sie: »Weil ich Macht haben will.«

1982 wurde Abbott von ihrem Heimatbezirk in den Stadtrat von Westminster gewählt. Als sie 1987 als Abgeordnete für Hackney North und Stoke Newington kandidierte, tat sie dies ohne Unterstützung durch die Partei. Auf lokaler Ebene weigerten sich einige weiße Aktivisten, mit ihr zusammenzuarbeiten, da sie ihr vorwarfen, der extremen Linken anzugehören, aber auch Rassismus spielte mit herein, weswegen Abbott Unter-

stützung von lokalen schwarzen Organisationen erhielt. Die Fenster ihres Wahlkampfbüros wurden mit Ziegelsteinen eingeworfen, während Konservative, deren Partei Abbott auf Wahlkampfplakaten als Beispiel für »Labour-Militanz« denunzierte, einen Brandanschlag auf ihre Büros verübten. Trotz dieses chaotischen Wahlkampfs gewann Diane Abbott den Sitz mit einer deutlichen Mehrheit. Bei ihrem Einzug ins Parlament sagte sie, ihr Ziel sei es, ihren Wählern zu dienen, und sie wurde selbst als Hinterbänklerin zu einer festen Größe. Sie war nicht nur die erste schwarze Frau, die ins Parlament gewählt wurde, sondern ist auch die am längsten amtierende schwarze Abgeordnete Großbritanniens.

Abbott bekam 1991 einen Sohn und trennte sich kurz darauf von ihrem Mann. Das Parlamentsumfeld, in dem sie arbeitete, stand einer familienfreundlichen Politik offen feindlich gegenüber. Diane erhielt keinen Mutterschaftsurlaub und saß acht Tage nach der Entbindung wieder im Parlament. Sie war die erste Person, die ein Baby durch die Abstimmungslobby trug und dafür öffentlich gerügt wurde. In den 1990er-Jahren gelang es Diane, ihren Stimmenanteil bei den Parlamentswahlen zu steigern; sie wurde ein bekanntes und beliebtes Gesicht im Fernsehen. Sie gründete die Initiative »London Schools and the Black Child«, um die schulischen Leistungen schwarzer Kinder zu verbessern, und setzte sich auch für Menschenrechtsfragen ein, unter anderem im Zusammenhang mit der Anti-Terrorismus-Gesetzgebung.

Im Jahr 2010 kandidierte Abbott für viele unerwartet für den Labour-Vorsitz. Ihrer Meinung nach sei bei der Wahl zum Parteivorsitz mindestens eine Bewerbung erforderlich, die nicht weiß und männlich sei. Obwohl sie unterlag, holte sie der neue Parteivorsitzende Ed Miliband in sein Schattenkabinett (im Ressort öffentliche Gesundheit) und beförderte sie in die vorderste Riege der Opposition. Unter Jeremy Corbyns Parteiführung war sie Schatten-Innenministerin, und 2019 wurde sie die erste schwarze Abgeordnete, die ihre Partei bei der Fragestunde des Premierministers vertrat.

Diane Abbott wird von vielen Women of Color in der britischen Politik als Vorbild genannt. Als Kind hatte Diane drei Ziele: Sie wollte Abgeordnete werden, eine Familie gründen und ein Buch schreiben. Alle drei Ziele hat sie verwirklicht.

Beatriz Merino

PERU

Im Jahr 2003 wurde Beatriz Merino die erste Premierministerin von Peru.

Die Menschen müssen davon überzeugt sein, dass du dich um sie kümmerst, dass du für sie arbeitest und dass du wirklich ihrer Seele, ihrem Schmerz und ihren Wünschen nahe bist«, sagte Beatriz Merino im Jahr 2019. Diese Denkweise hat sie von ihren Eltern gelernt; sie beschreibt ihren Vater als Träumer und ihre Mutter als »Geschäftsfrau«, die beide einen großen Einfluss auf sie hatten. Sie hätten ihr den Glauben eingeflößt, dass sie alles erreichen könne, was sie sich vornehme.

Beatriz Merino wurde 1947 in Lima geboren, wo ihr Vater Kämmerer der Gemeinde San Isidro war. Sie studierte Jura an der Nationalen Universität San Marcos in Lima und erhielt aufgrund ihrer hervorragenden Leistungen ein Stipendium für die London School of Economics. Als Fulbright-Stipendiatin machte sie als erste Peruanerin 1977 ihren Abschluss an der Harvard Law School. Danach arbeitete sie bei Proctor & Gamble als Anwältin in der Unternehmensleitung und wandte sich erst jenseits der 40 der Politik zu.

Die 1980er-Jahre waren eine turbulente Zeit in Peru, in der Terrorismus, Hyperinflation und Armut für verbreitetes Elend sorgten. Merino lernte auf einem Fest den peruanischen Schriftsteller Mario Vargas Llosa kennen, der sie ermutigte, sich zur Wahl zu stellen. Damals habe sie beschlossen, »dass es an der Zeit war, all die Annehmlichkeiten meiner erfolgreichen Karriere hinter mir zu lassen und etwas zu verändern«. Beatriz Merino wurde 1990 zur Senatorin gewählt, aber ihre Amtszeit lief vorzeitig aus, als Präsident Alberto Fujimori den Kongress mithilfe des Militärs auflöste und die Verfassung außer Kraft setzte.

Die folgende Periode politischer Instabilität endete 1993 mit einer neuen Verfassung; 1995 fanden Neuwahlen statt. Merino kandidierte für den Kongress und wurde als Unabhängige gewählt. Sie errang »kleine Siege«, wie sie es nannte, darunter einen Gesetzentwurf zur stärkeren Teil-

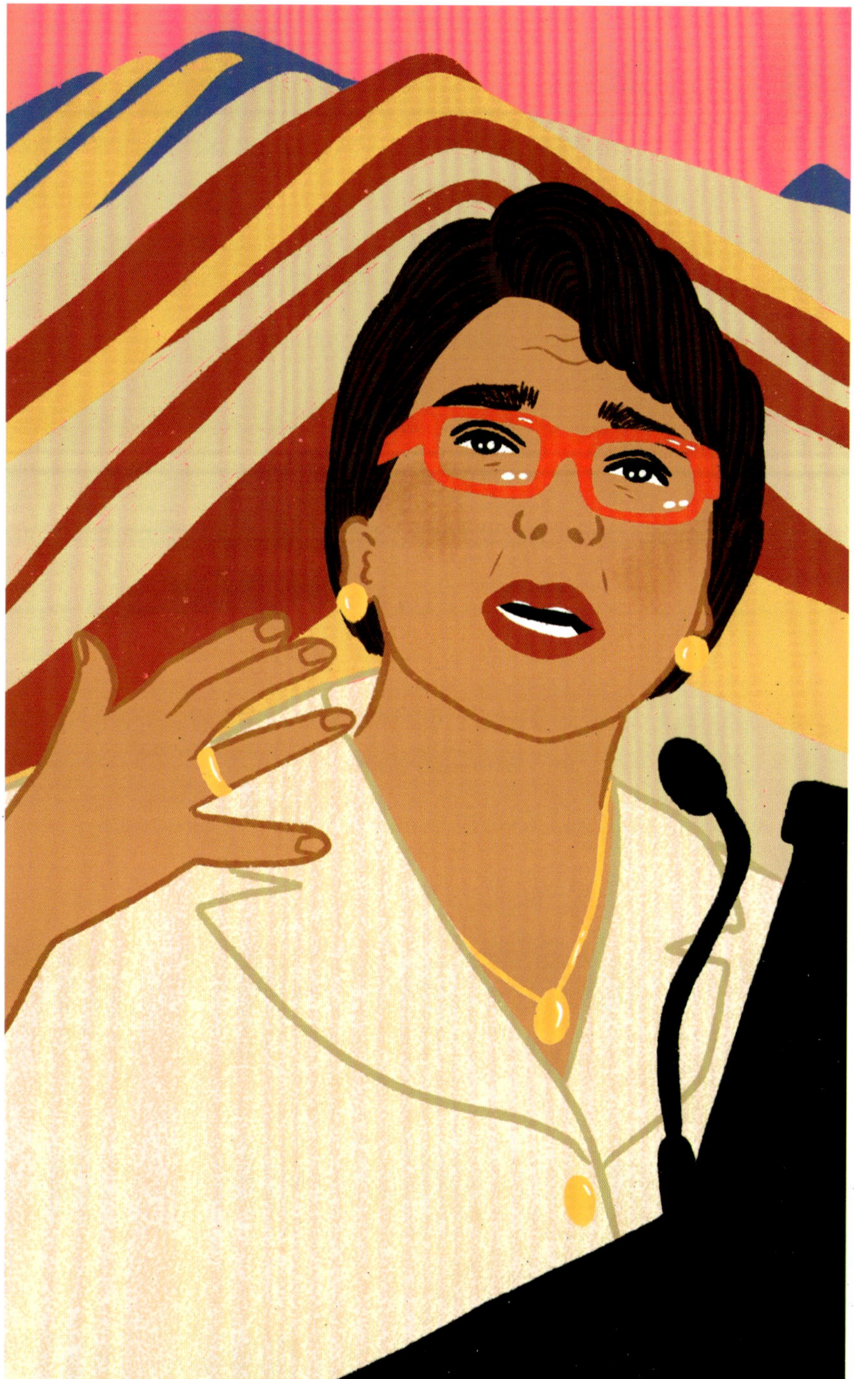

habe von Frauen an der Politik und die Revision eines Gesetzes, das Vergewaltiger ungeschoren ließ, wenn sie ihr Opfer heirateten.

Im Jahr 2000 kandidierte Beatriz als Vizepräsidentin, unterlag jedoch. Präsident Fujimori hatte den Wahlsieg trotz Unregelmäßigkeiten bei der Stimmabgabe für sich beansprucht, trat aber noch im selben Jahr zurück. Präsident Alejandro Toledo erbte nach Neuwahlen ein Land mit zahlreichen ungelösten Problemen. Angesichts landesweiter Streiks, des Wiedererstarkens der Guerilla und der zunehmenden Arbeitslosigkeit trat das Kabinett von Präsident Toledo innerhalb von zwei Jahren zweimal zurück; ein neuer Regierungschef wurde gesucht und Beatriz Merino vorgeschlagen. Als »Hardcore-Katholikin« habe sie sich vor ihrer Entscheidung an Gott gewandt. Sie nahm das Amt an, das zahlreiche andere scheuten. Sie war in der Öffentlichkeit beliebt und verschaffte dem Präsidenten einen Popularitätsschub, den er dringend brauchte.

Merino blieb nur knapp sechs Monate als Premierministerin im Amt. Sie sah sich einer Welle politischer Angriffe in der Presse ausgesetzt, in der sie der Protektion von Freunden beschuldigt wurde. Allerdings gab es auch Vorwürfe, die deutlich unter die Gürtellinie zielten. Der Präsident soll sie zum Rücktritt aufgefordert haben, weil er mit Merinos Entscheidung, die über sie kursierenden Gerüchte, sie sei lesbisch, öffentlich zu thematisieren, nicht einverstanden war. In der sozial konservativen, katholisch geprägten Kultur Perus herrschen über die LGBTQIA+-Gemeinschaft weitverbreitete Vorurteile. Darüber hinaus spekulierten die Zeitungen darüber, dass Merinos Popularität eine Gefahr für den Präsidenten darstellte. Toledo entließ sie zusammen mit seinem Kabinett.

Beatriz Merino genießt in Peru noch immer großes Ansehen und wurde 2005 vom peruanischen Kongress zur Volksanwältin, einer Art Ombudsfrau, gewählt. Bis 2011 setzte sie sich in diesem Amt für den Schutz der verfassungsmäßigen Rechte und Freiheiten ein.

Hanan Aschrawi

PALÄSTINA

1996 wurde Hanan Aschrawi als eine der ersten Frauen in den Palästinensischen Legislativrat gewählt.

Hanan Aschrawi wurde 1946 in einer christlichen Familie in Nablus (damals Teil des britisch verwalteten Mandatsgebiets Palästina) geboren. Sie war zwei Jahre alt, als der Krieg, der der Staatsgründung von Israel 1948 folgte, ihre Familie zur Flucht nach Jordanien zwang. In Ramallah im Westjordanland fand sie schließlich Obdach, wo ihr Vater wegen seines Engagements für die Palästinensische Befreiungsorganisation (PLO) und deren Vorläuferbewegungen wiederholt inhaftiert wurde.

Hanan studierte Anglistik an der Amerikanischen Universität Beirut, als 1967 der Sechstagekrieg zwischen Israel und einer Koalition arabischer Staaten ausbrach. Ein israelisches Gesetz erklärte alle, die bei Ausbruch der Feindseligkeiten nicht im Land waren, zu »Abwesenden«. Die Studentin fand sich im Exil wieder, getrennt von ihrer Familie, und wurde Sprecherin der General Union of Palestinian Students. Sie sagte: »Ich glaube, als Palästinenserin ist man von Geburt an politisch – man hat keine andere Wahl.«

1973 erlaubte die israelische Regierung den palästinensischen Exilanten, zu ihren Familien zurückzukehren. Für Hanan Aschrawi, die inzwischen an der Universität von Virginia in den USA promoviert hatte, geriet die Rückkehr zur Reise voller Umwege: Sie wurde in Paris verhört, in Ägypten inhaftiert und in Jordanien befragt, konnte aber schließlich die Grenze überqueren. Dort baute sie die Anglistik-Abteilung der Universität Bir Zait im Westjordanland auf, nahm an Demonstrationen gegen die israelischen Übergriffe auf den Campus teil und wurde mehrfach verhaftet. Daraufhin gründete sie das Rechtshilfekomitee der Universität und ein Projekt, das sich für die Wahrung der Menschenrechte einsetzte.

1987 steigerte sich der anhaltende palästinensische Protest gegen die israelische Besetzung des Westjordanlands zur Ersten Intifada (wörtlich:

»Erhebung« oder »Abschütteln«). Nach jahrelanger Arbeit hinter den Kulissen rückte Aschrawi 1988 als Mitglied des Politischen Intifada-Komitees und wichtige Verhandlungsführerin plötzlich ins Rampenlicht. Trotz ihrer nun internationalen Prominenz ließ man ihr gegenüber nie einen Zweifel daran, dass sie eine Palästinenserin aus einem besetzten Gebiet war. Bei Reisen ins Ausland wurde sie an Flughäfen und Grenzübergängen einer Leibesvisitation unterzogen.

Hanan Aschrawi war von 1991 bis 1993 offizielle Sprecherin der palästinensischen Delegation für den Nahost-Friedensprozess. Mit dem Osloer Abkommen wurde 1993 eine Palästinensische Autonomiebehörde geschaffen, die in Teilen des Westjordanlands und des Gazastreifens über eine begrenzte Selbstverwaltung verfügte. Anschließend gründete Aschrawi die Unabhängige Palästinensische Kommission für Bürgerrechte, die zur Überwachung und zum Schutz der Menschenrechte in den von Israel besetzten Gebieten eingerichtet wurde.

Bei den ersten Wahlen der Palästinensischen Autonomiebehörde im Jahr 1996 errang Hanan Aschrawi als eine von fünf Frauen ein Mandat. Sie übernahm das Amt der Ministerin für Bildung und Forschung, trat jedoch 1998 aus Protest gegen politische Korruption und das Ausbleiben geplanter Reformen zurück. Danach gründete sie MIFTAH, die Palästinensische Initiative zur Förderung von globalem Dialog und Demokratie. Im Jahr 2001 stellte sich Aschrawi mit an die Spitze der Zweiten Intifada und war 2005 Mitbegründerin des »Dritten Weges«, einer politischen Alternative zu Fatah und Hamas. Im Jahr 2009 wurde sie als erste Frau in den Exekutivausschuss der PLO gewählt, aus dem sie 2020 mit der Begründung zurücktrat, dass eine Erneuerung und Wiederbelebung der Bewegung durch die Einbeziehung von jungen Menschen und Frauen notwendig sei.

Über ihre Vorbildfunktion für Frauen sagte Hanan Aschrawi: »Es ist wichtig, die Erste zu sein, weil sie diejenige ist, die aus der Sackgasse herausführt, Präzedenzfälle schafft und Frauen dazu ermutigt, sich auf anderen Gebieten, insbesondere in der Politik, einzubringen.«

Jóhanna Sigurðardóttir

ISLAND

Jóhanna Sigurðardóttir war 2009 die erste geoutete LGBTQIA+-Regierungschefin der Welt und die erste Premierministerin von Island.

»Meine Zeit wird kommen« ist in Island inzwischen ein gängiger Slogan, der auf T-Shirts und Plakaten zu sehen ist. Der Satz wurde von Jóhanna Sigurðardóttir mit erhobener Faust gesprochen, als sie 1994 das Rennen um die Führung der Sozialdemokratischen Partei knapp verlor. Mit wenigen Worten präsentierte sie sich als Politikerin, die Geduld und das Gespür für den richtigen Moment hat, um den endgültigen Schritt zu machen.

Die 1942 in Reykjavík geborene Sigurðardóttir arbeitete als Stewardess bei der isländischen Fluggesellschaft Loftleiðir und war fast zehn Jahre lang bei dem Unternehmen beschäftigt; gleichzeitig engagierte sie sich aktiv in der Gewerkschaftsbewegung und übernahm den Vorsitz im Verband des isländischen Kabinenpersonals. In den 1970er-Jahren heiratete sie, bekam zwei Söhne, wechselte zu einem Verpackungshersteller und saß im Vorstand der Gewerkschaft der kaufmännischen Angestellten in Reykjavík.

Diese gewerkschaftlichen Verbindungen brachten auch ihre politische Karriere in Gang. 1978 wurde Sigurðardóttir für die Sozialdemokraten in das Althing (Parlament) gewählt. Sie etablierte sich rasch als vertrauenswürdige Politikerin und wurde 1979 stellvertretende Parlamentspräsidentin, ein Amt, das sie in den folgenden Jahren noch zweimal bekleidete. Als aufstrebender Politikstar mit einer unermüdlichen Leidenschaft für soziale Gerechtigkeit und Reformen in der Sozialverwaltung übernahm sie 1987 ihr erstes Ministeramt im Sozialressort, das sie bis 1994 innehatte. Ihr beharrlicher Einsatz für soziale Belange trug ihr den Spitznamen »Heilige Jóhanna« und den stellvertretenden Parteivorsitz ein.

Nach dem verlorenen Kampf um die Parteiführung trat sie zurück und gründete die Partei »Volkserwachen« mit, die bei der nächsten Wahl vier

Sitze errang. Sigurðardóttir versöhnte sich jedoch mit ihren ehemaligen Parteigenossen, als sich beide Gruppierungen zusammen mit zwei kleineren Parteien für die nächste Wahl zu einer sozialdemokratischen Allianz zusammenschlossen.

Kurz vor der globalen Finanzkrise 2008 übernahm Jóhanna Sigurðardóttir erneut das Amt der Sozialministerin. Als beliebte und integre politische Persönlichkeit besaß sie genau jene Führungsstärke, die nötig war, um das nun eintretende Chaos bewältigen zu können. Im Jahr 2009 trat Ministerpräsident Geir Haarde zurück, nachdem die Wirtschaft des Landes zusammengebrochen war und es am Rand des Bankrotts stand. Sigurðardóttirs Sozialdemokratische Allianz errang nach einer Stichwahl den Sieg. In ihrer Siegesrede rief Sigurðardóttir ihren jubelnden Anhängern zu: »Unsere Zeit ist gekommen«, und erklärte, dass Gerechtigkeit und Gleichheit die Leitlinien der neuen Regierung sein würden.

Die Vorstandsvorsitzenden der drei zusammengebrochenen Banken wurden abgesetzt, 36 Banker kamen ins Gefängnis und die Banken wurden umbenannt und verstaatlicht, wobei zwei der neuen Vorstandsvorsitzenden Frauen waren. Island erlebte einen der schnellsten Aufschwünge aller Zeiten, stabilisierte seine Wirtschaft und unterstützte gleichzeitig seine Bürger. Diese Zeit wurde als »Machtergreifung durch die Frauen« bekannt. Die Veränderungen beschränkten sich nicht auf den Finanzsektor, denn zum ersten Mal in der isländischen Geschichte gab es eine Gleichstellung der Geschlechter im Kabinett; darüber hinaus belegte das Land regelmäßig den ersten Platz im jährlichen Global Gender Gap Index des Weltwirtschaftsforums.

Zu den raschen Schritten Islands in Richtung Gleichstellung gehörte auch die Zulassung der gleichgeschlechtlichen Ehe. Im Jahr 2010, am ersten Tag, an dem das Gesetz in Kraft trat, heirateten Jóhanna Sigurðardóttir und ihre Partnerin, die Autorin und Dramatikerin Jónína Leósdóttir. 2017 veröffentlichte Sigurðardóttir ihre Autobiografie mit dem Titel *Meine Zeit*.

Fiamē Naomi Mata'afa

SĀMOA

Fiamē Naomi Mata'afa wurde 2021 zur ersten Premierministerin von Sāmoa gewählt.

Politik war im Elternhaus von Naomi Mata'afa ein ständiges Gesprächsthema, und sie sagt, die samoanische Gewohnheit, Kinder in alle Lebensbereiche einzubeziehen, habe dazu geführt, dass sie »die umfassende Idee des Dienens« von klein auf verinnerlicht habe. Naomi wurde 1957 in Apia, der Hauptstadt von Sāmoa, geboren, fünf Jahre bevor der Inselstaat seine Unabhängigkeit von Neuseeland erlangte. Ihre Mutter war Lehrerin und Politikerin, ihr Vater ein »Paramount Chief« (Oberhäuptling), der der erste Premierminister von Sāmoa werden sollte. Ihr Großvater hatte sich an der gewaltfreien Bewegung für die Unabhängigkeit beteiligt. Er war, wie Mata'afa sagt, ihr »erster erwachsener Freund«.

Ihre Mutter gründete eine Bananenplantage, um das Schulgeld bezahlen zu können, und schickte sie im Alter von zehn Jahren auf ein Internat in Neuseeland. Mata'afa und ihre Cousine waren die einzigen beiden Samoaner in der Schule. »Allein und ängstlich haben wir uns eher nicht gefühlt, denn ich war mit elf Jahren einen Meter siebzig groß.« Naomi glänzte in der Schule und nahm an außerschulischen Aktivitäten wie Debatten, Theateraufführungen und gesellschaftlichen Veranstaltungen teil.

1975 starb Naomis Vater unerwartet und hinterließ seinen Titel »Fiamē« der erweiterten Familie. Vor Gericht stritten sich 21 Bewerber darum, aber Naomi obsiegte, eine höchst unerwartete Wendung. Sie hatte in Neuseeland Politikwissenschaft studiert und war dorthin zurückgekehrt. Das nahmen Familienmitglieder zum Anlass, sie als »abwesenden Matai« (Häuptling) erneut vor Gericht zu zitieren. Dort schien man sich einig: »Sie ist erst 20 Jahre alt, scheint zu sehr von ihrer Mutter beeinflusst zu sein, ist eine Frau und unverheiratet.« Naomi widerlegte die Argumentation der Richter und behielt ihren Titel. Mata'afa sagt, sie habe damals die Bot-

schaft begriffen und sei in ihre Gemeinde zurückgekehrt, habe an Bildungsprojekten mitgearbeitet und sei Diakonin ihrer Kirche geworden.

Aus dem Wunsch heraus, mehr Führungsaufgaben zu übernehmen, kandidierte Fiamē Naomi Mata'afa im Alter von 27 Jahren für das Parlament und wurde gewählt. Als Mitglied der regierenden Partei zum Schutz der Menschenrechte (Human Rights Protection Party, HRPP) war sie die erste Ministerin im Kabinett und die erste stellvertretende Premierministerin des Landes. Sie distanzierte sich zunehmend von den übrigen Regierungsmitgliedern, denen sie vorwarf, den Rechtsstaat nach und nach auszuhöhlen. Im Jahr 2020 trat sie aus Protest gegen ein Gesetz zurück, das ihrer Meinung nach zur »Zerstörung des Gerichtssystems« führen würde.

Während des Wahlkampfs 2021 lud Mata'afa die Menschen in ihr Haus ein und reiste durch das Land, um mit den Wählern zu sprechen. Ihre neue Partei Fa'atuatua i le Atua Sāmoa ua Tasi (FAST, »Glaube an den einen Gott von Sāmoa«) und die amtierende HRPP gewannen jeweils 25 Sitze. Ein unabhängiger Abgeordneter bildete das Zünglein an der Waage und erklärte sich bereit, FAST zu unterstützen, sodass Mata'afa den Sieg für sich beanspruchte. Die Wahl wurde jedoch angefochten, weil die zehnprozentige Frauenquote nicht erfüllt war, und ein zusätzlicher Sitz geschaffen, der an die HRPP fiel. Das Patt blieb also bestehen. Fünf Tage vor einem bereits angesetzten Urnengang erklärte der Oberste Gerichtshof des Landes das Vorgehen für nicht verfassungsmäßig und bestätigte den Sieg von FAST.

Fiamē Naomi Mata'afa erklärte, die Frauen und Mädchen im pazifischen Raum, der die weltweit niedrigste Frauenquote in der Politik aufweist, hätten die Entwicklung sehr aufmerksam registriert. Sie wolle nun viel mehr in die Menschen und Gemeinschaften von Sāmoa investieren. Sie setzt als eines der dienstältesten Mitglieder des samoanischen Parlaments ihre politische Arbeit fort und wurde 2021 als Premierministerin vereidigt, obwohl der vorherige Amtsinhaber sich noch immer weigert, seine Abwahl anzuerkennen.

Shirley Chisholm

USA

Shirley Chisholm wurde 1968 als erste Woman of Color in den US-Kongress gewählt. 1972 bewarb sie sich als erste Frau und erste Afroamerikanerin um die Präsidentschaftskandidatur einer der großen Parteien.

Wenn ich einmal tot bin, möchte ich als Frau des 20. Jahrhunderts in Erinnerung bleiben, die es wagte, als Katalysator des Wandels zu wirken«, beschrieb Shirley Chisholm ihr Vermächtnis. Es ist unbestreitbar, dass sie ihre selbst gesteckten Ziele übertroffen hat. Shirley St. Hill wurde als älteste von vier Töchtern 1924 in Brooklyn als Tochter einer Näherin aus Barbados und eines Fabrikarbeiters aus Guyana geboren. Ihre ersten Lebensjahre verbrachte sie bei ihrer Großmutter auf Barbados, wo sie auch eingeschult wurde. Nach ihrer Rückkehr nach New York City machte sie durch hervorragende Leistungen in der Highschool auf sich aufmerksam. Ihr wurden Stipendien für mehrere Colleges in Aussicht gestellt, sie konnte sich das Studium auswärts jedoch nicht leisten und schrieb sich am heimischen Brooklyn College ein.

Auf dem Campus begann Chisholm, sich für Politik zu interessieren, und engagierte sich in der National Association for the Advancement of Colored People (NAACP) und im Club der Demokratischen Partei. Sie gewann Preise im Debattierteam, war aber frustriert über die geringe Anerkennung für Frauen. Sie sagte, dass diese zwar die meisten Spendengelder sammelten, aber wenn sie sich selbst zur Wahl stellen wollten, nie zum Zuge kamen.

1949 heiratete sie Conrad Q. Chisholm, einen Privatdetektiv, und arbeitete zunächst als Kindergärtnerin, dann als Leiterin von zwei Kindertagesstätten. Sie erwarb einen Masterabschluss in frühkindlicher Erziehung und war als Beraterin für die New York City Division of Day Care tätig.

1964, als die Bürgerrechtsbewegung in vollem Gange war, kandidierte Shirley Chisholm für einen Sitz in der Legislative des Bundesstaats New York und errang diesen auch, wobei sie von einem Lastwagen aus Wahl-

kampf machte, indem sie ankündigte: »Meine Damen und Herren, die kämpferische Shirley Chisholm setzt sich durch.« 1968 gewann sie einen Sitz im Kongress und setzte sich deutlich gegen den Bürgerrechtler James Farmer durch, der, wie sie sagte, über ihre Kandidatur gelacht haben soll, als er davon hörte. Sie behielt ihr Mandat 14 Jahre lang.

Chisholm setzte sich erfolgreich für Gesetzgebungsvorhaben ein, u. a. für einen Mindestlohn, und war eine entschiedene Verfechterin der Armutsbekämpfung und des Widerstands gegen den Vietnamkrieg. Sie engagierte sich in der Frauenbewegung und war 1971 Mitbegründerin des National Women's Political Caucus, einer Organisation, die sich für eine vermehrte politische Teilhabe von Frauen starkmachte. Im Jahr 1972 beschloss Chisholm, sich um die Präsidentschaftskandidatur der Demokratischen Partei zu bewerben. Sie habe das Gefühl, dass die Zeit gekommen sei, in der »nicht nur weiße Männer« kandidieren sollten, »und jemand musste den Anfang machen«. In dem Moment, in dem sie diese Ankündigung machte, sei die Hölle losgebrochen. Shirley Chisholm leitete rechtliche Schritte ein, als sie von Fernsehdebatten ausgeschlossen wurde. Ausgerechnet diejenigen, von denen sie Unterstützung erwartet hätte, wie der Congressional Black Caucus, waren nicht auf ihrer Seite. Ihr Wahlkampfplakat trug den Slogan »Unbought and Unbossed«, um auszudrücken, dass sie weder große Geldgeber hatte, noch jemandem verpflichtet war. Sie nahm an zwölf Vorwahlen teil und erhielt zehn Prozent der Stimmen.

Shirley zog sich 1983 aus dem Kongress zurück, engagierte sich aber 1984 und 1988 für die Präsidentschaftskandidatur von Jesse Jackson und lehrte als Professorin für Politikwissenschaft. Als unbestrittene Verfechterin der Veränderung des Status quo lautete ihr berühmtester Ratschlag: »Wenn sie dir keinen Platz am Tisch geben, bring einen Klappstuhl mit.«

Margaret Thatcher

GROSSBRITANNIEN

1979 wurde Margaret Thatcher zur ersten Premierministerin Großbritanniens gewählt.

Beinahe jede Frau, die eine Führungsrolle in der Politik einnimmt und ein starkes Image hat, muss sich mit Margaret Thatcher vergleichen lassen. Sie war die auffälligste und mächtigste Frau in der Weltpolitik im ausgehenden 20. Jahrhundert. Und noch immer weckt sie starke Emotionen, bei den einen Bewunderung, bei den anderen Zorn.

Margaret Roberts wurde 1925 in Grantham in Lincolnshire geboren, wo ihre Familie über dem Lebensmittelladen ihres Vaters wohnte. Dieser unterstützte die Konservativen, und Margaret übernahm Botengänge für deren Parlamentskandidaten, als sie zehn Jahre alt war. Nach hervorragenden schulischen Leistungen studierte sie in Oxford Chemie und wurde Mitglied und Präsidentin der Conservative Association der Universität. Sie arbeitete als Chemikerin in der Forschung und blieb gleichzeitig in der Partei aktiv. 1950 und 1951 kandidierte sie für das Parlament und fiel beide Male durch.

Auf einer politischen Veranstaltung lernte sie den Geschäftsmann Denis Thatcher kennen, den sie 1951 heiratete und mit dem sie Zwillinge bekam. Zu diesem Zeitpunkt hatte sie bereits Jura studiert und meldete sich von der Entbindungsstation aus zur Abschlussprüfung an. Die Wahlkreisverbände zögerten damals, ihr eine Kandidatur für einen Unterhaussitz anzubieten, weil sie der Meinung waren, dass eine Mutter nicht genug Zeit hätte, um dieser Aufgabe gewachsen zu sein. Schließlich wurde sie 1959 im Wahlkreis Finchley gewählt. Sie arbeitete hart und wurde Schattenministerin für verschiedene Ressorts. Als die Konservativen 1970 die Parlamentswahlen gewannen, stieg Thatcher zur Staatssekretärin für Unterricht auf. Weil sie die kostenlose Milch für Schulkinder über sieben Jahren abschaffte, um das Geld für den allgemeinen Bildungshaushalt zu frei zu machen, wurde sie heftig kritisiert.

Als die Konservativen 1974 die Wahlen verloren, machte Thatcher sich die Unzufriedenheit der Parlamentsfraktion mit dem Parteiführer Edward Heath zunutze und ließ sich 1975 als Außenseiterin zur Vorsitzenden wählen. Die Überraschung über ihren Sieg war deutlich spürbar. In der Pressekonferenz nach ihrem Sieg fragte ein Journalist: »Sind Sie überrascht, dass die von Männern dominierte Parlamentspartei Sie gewählt hat?« Ihre Antwort: »Nein, sie scheinen Frauen zu mögen.«

Mit dem Versprechen, die lahmende Wirtschaft zu sanieren, führte Margaret Thatcher ihre Partei zum Sieg bei den Parlamentswahlen 1979. Ihr Programm basierte auf Einsparungen im Staatshaushalt und dem Abbau von Vorschriften, der Senkung der Unternehmenssteuern, der Beschneidung der gewerkschaftlichen Macht und der Privatisierung von Industrien in öffentlichem Besitz. Angesichts der steigenden Arbeitslosigkeit und der Folgen der rigiden Einsparungspolitik schienen die Tage von Thatchers Regierung bereits gezählt. Als jedoch Argentinien 1982 die Falklandinseln militärisch besetzte, festigte ihre Entschlossenheit, diesen bedeutungslosen britischen Außenposten im abgelegenen Südatlantik zurückzuerobern, ihren Ruf als »Eiserne Lady«. Sie begründete eine starke Allianz mit dem republikanischen US-Präsidenten Ronald Reagan, der viele ihrer marktwirtschaftlichen Überzeugungen teilte.

Der Krieg verschaffte Margaret Thatcher einen Popularitätsschub und 1983 eine zweite Amtszeit. Als die Bergarbeiter in den Kohlenminen 1984/85 streikten und die Regierung auf deren Forderungen nicht einging, läutete dies den Niedergang der einst mächtigen Gewerkschaften ein. Thatchers dritter Wahlsieg 1987 stand im Zeichen eines wirtschaftlichen Aufschwungs, doch 1990 drohte erneut eine Rezession. Die Einführung der äußerst unpopulären Poll Tax, einer personenbezogenen »Kopfsteuer«, löste Demonstrationen und Ausschreitungen aus. Dies und ihre kritische Haltung in Bezug auf die europäische Einigung untergruben ihre Autorität und riefen innerparteiliche Gegner auf den Plan. Sie trat 1990 zurück, nachdem sie das Nachkriegs-Großbritannien bis zur Unkenntlichkeit entindustrialisiert und privatisiert hatte.

Nach ihrem Ausscheiden aus dem Unterhaus wurde sie Mitglied des Oberhauses und gründete die Thatcher-Stiftung, um ihre Ideen von »politischer und wirtschaftlicher Freiheit« in der Welt zu verbreiten. Sie starb im Jahr 2013.

Megawati Sukarnoputri

INDONESIEN

2001 wurde Megawati Sukarnoputri die erste indonesische Präsidentin.

Megawati Sukarnoputri wurde 1947 geboren und wuchs im wahrsten Sinne des Wortes mit der Politik auf – sie verbrachte ihre ersten Lebensjahre im Präsidentenpalast. Ihr Vater, Sukarno, war der Führer der indonesischen Unabhängigkeitsbewegung und der erste Präsident Indonesiens, und ihr Nachname bedeutet »Tochter von Sukarno«. Ihr späterer politischer Aufstieg war alles andere als vorgezeichnet. Ihre Mutter war Sukarnos dritte Ehefrau und empört über sein Vorhaben, eine weitere polygame Ehe einzugehen. Sie zog mit ihrer Familie 1953 aus dem Präsidentenpalast aus, behielt aber den Titel der First Lady.

Megawati interessierte sich für Gartenbau und studierte Landwirtschaft an der Universität Padjadjaran, brach das Studium allerdings 1967 ab, nachdem ihr Vater von der Militärregierung unter General Suharto entmachtet und unter Hausarrest gestellt worden war. Es schien klüger, sich aus der Politik herauszuhalten, wenn die Familie im Land bleiben wollte.

In den 1970er-Jahren heiratete Sukarnoputri dreimal. Ihr erster Ehemann kam 1970 bei einem Flugzeugabsturz ums Leben. Sie heiratete erneut, doch die Ehe wurde kurz darauf annulliert. Im Jahr 1973 heiratete sie Taufiq Kiemas, mit dem sie drei Kinder bekam. Erst in den 1980er-Jahren veranlasste sie ein wiedererwachtes Interesse am Erbe ihres Vaters dazu, sich der Politik zuzuwenden. Sie trat der vom Regime geduldeten Demokratischen Partei Indonesiens (PDI) bei und avancierte schnell zu einer beliebten Figur in der Bewegung.

Megawati Sukarnoputri wurde in das Unterhaus (den legislativen Zweig des nationalen Parlaments) gewählt. Weil sie ihr Ansehen und ihre Popularität fürchtete, verhinderte das Suharto-Regime, dass sie zur Vorsitzenden der PDI gewählt wurde und bei den Präsidentschaftswahlen 1998 kandidieren konnte. Proteste ihrer Anhänger in Jakarta führten zu einem harten Durchgreifen der Regierung, was Unruhen in der gesamten Haupt-

stadt auslöste. Suharto trat 1998 von seinem Amt zurück, sodass Sukarnoputri und ihre Anhänger die PDI-P (Demokratische Partei des Kampfes Indonesiens) gründen konnten, die bei den Parlamentswahlen 1999 34 Prozent der Stimmen und damit die meisten Sitze in der Legislative errang. Der Weg zur Präsidentschaft schien für Sukarnoputri frei zu sein, doch gab es heftigen Widerstand von Gruppen wie der Vereinigten Entwicklungspartei. Deren Jugendflügel hatte mit dem Slogan »Eine Präsidentin? Auf keinen Fall!« Stimmung gegen sie gemacht. Die Beratende Volksversammlung wählte Abdurrahman Wahid von der Partei des Nationalen Erwachens zum Präsidenten und Sukarnoputri zur Vizepräsidentin. Im Jahr 2001 setzte die Versammlung Wahid ab und ernannte Megawati zur Präsidentin. Sie war die erste Frau im höchsten Staatsamt und die erste indonesische Regierungschefin, die nach der Unabhängigkeit geboren wurde. Sexistischen Vorurteilen begegnete sie auf ihre Art: »Anscheinend sieht man in mir nur die Hausfrau. Jenen, die die Leistungen der Hausfrauen schmälern, erkläre ich: Nur weil man eine Hausfrau ist, bedeutet das nicht, dass man nichts von Politik versteht.«

In den drei Jahren ihrer Amtszeit verzeichnete die Wirtschaft des Landes kleine Fortschritte, aber Sukarnoputri erntete Kritik dafür, dass bei der Bekämpfung der politischen Korruption, der Arbeitslosigkeit und der militanten Islamisten unter ihrer Herrschaft kaum Erfolge erzielt wurden. Positiv wurde allerdings vermerkt, dass sie Indonesien politische Stabilität gebracht und eine beständige Demokratie ermöglicht hat – keine geringe Leistung angesichts der Verhältnisse bei ihrer Machtübernahme. Ihr Bruder Guntur, ein ehemaliger Abgeordneter, erklärte: »Wir sind nicht für die Politik geschaffen. Mega ist diejenige, die einen langen Atem hat. Sie hat den Mumm.«

Sahle-Work Zewde

ÄTHIOPIEN

Sahle-Work Zewde wurde 2018 die erste Präsidentin von Äthiopien.

Ich hatte eine wunderbare Familie. Vor allem mein Vater sagte uns immer, dass es nichts gibt, was eine Frau oder ein Mädchen nicht tun kann. Das war also mein ganzes Leben lang mein Motto, und bei allem, was ich tat, war ich übrigens die erste Frau, die dies oder jenes tat, also war ich mutig. Ich war mutig und ich hatte auch mein Selbstwertgefühl.« Sahle-Work Zewde wurde 1950 in Addis Abeba, der Hauptstadt von Äthiopien, geboren. Ihr Vater war ein hoher Offizier in der kaiserlichen Armee, und die Familie setzte als die Älteste von vier Mädchen hohe Erwartungen in sie.

Nach ihrem Abschluss an der französischen internationalen Schule in Addis Abeba erhielt Sahle-Work (in Äthiopien ist das Ansprechen mit dem Nachnamen nicht gebräuchlich) mit 17 Jahren ein Stipendium für ein Universitätsstudium in Frankreich, wo sie Naturwissenschaften studierte. Nach neun Jahren kehrte sie nach Äthiopien zurück, um im Bildungsministerium zu arbeiten, wo sie als Referentin für Öffentlichkeitsarbeit begann und bis zur Leiterin der Abteilung aufstieg. Danach wechselte sie in das Außenministerium und wurde Botschafterin Äthiopiens im Senegal und dann in Dschibuti. »Als die Regierung mich nach Dschibuti berief, habe ich sehr gezögert, das Angebot anzunehmen«, sagt sie. »Ich dachte, dass eine Frau in einem muslimischen Land der Annäherung zwischen den beiden Ländern nicht förderlich sein könnte. Ich danke dem damaligen Außenminister, der darauf bestand, dass ich den Posten annahm. Ich versuche, dasselbe für andere zu tun.« Ihr Bekanntheitsgrad wuchs stetig und sie wurde Botschafterin in Frankreich sowie ständige Vertreterin bei der UNESCO.

Ihr internationales Ansehen wurde durch eine Reihe von Ämtern bei den Vereinten Nationen weiter gestärkt. Sie war Generaldirektorin des Büros der Vereinten Nationen in Nairobi und wurde 2018 von UN-Generalsekretär António Guterres zur Untergeneralsekretärin, Sonderbeauftragten bei der Afrikanischen Union und Leiterin des Büros der Vereinten Nationen bei der Afrikanischen Union ernannt. Sie war die erste Frau, die diese Position innehatte.

Sahle-Work wurde 2018 vom äthiopischen Parlament einstimmig ins Präsidentenamt von Äthiopien gewählt und löste damit Mulatu Teshome ab, der unerwartet zurückgetreten war. Nach der äthiopischen Verfassung ist dieses Amt rein repräsentativ, die politische Macht liegt beim Premierminister. Ihre Ernennung wurde jedoch in dem traditionell konservativen Land als bedeutsamer Schritt und als Teil des Reformprogramms von Premierminister Abiy Ahmed empfunden. Sahle-Work wurde eine Woche nach der Ernennung des Kabinetts durch den Premierminister, in dem die Hälfte der Posten mit Frauen besetzt ist, in dieses Amt gewählt. Der Stabschef des Premierministers twitterte: »In einer patriarchalischen Gesellschaft wie der unseren setzt die Ernennung eines weiblichen Staatsoberhaupts nicht nur Maßstäbe für die Zukunft, sondern unterstreicht auch die Rolle der Frau als Entscheidungsträgerin im öffentlichen Leben.«

Sahle-Work bekräftigte diese Position, indem sie erklärte, dass die Wahl einer Frau zur Präsidentin »die Tür für ein besseres Verständnis, eine bessere Involvierung von Geschlechterfragen öffnet«. In ihrer ersten Ansprache vor dem Parlament versprach Sahle-Work, eine Stimme für die Frauen zu sein, und betonte die Bedeutung der Einigkeit. Den Abgeordneten erklärte sie, wenn sie der Meinung seien, sie spreche zu viel über Frauen, dann müssten sie sich darauf gefasst machen, dass dies erst der Anfang sei.

Tina Anselmi

ITALIEN

Tina Anselmi übernahm 1976 als erste Frau in Italien ein Ministerium.

Tina Anselmi wurde 1927 in Castelfranco Veneto in Norditalien geboren. Ihre Kindheit war geprägt vom Leben in der faschistischen Einparteiendiktatur Benito Mussolinis und den Härten des Zweiten Weltkriegs. Ihr Vater wurde von den Anhängern des »Duce« verfolgt, weil er die Ideologie des Regimes offen ablehnte. Das Verschwinden ihres jüngeren Bruders, der erst zwölf Jahre alt war, belastete Tina schwer.

Im Jahr 1943 besetzten deutsche Truppen nach der Absetzung Mussolinis Italien und errichteten einen norditalienischen Marionettenstaat mit dem Faschistenführer an der Spitze. Tina war 17 Jahre alt, als deutsche Soldaten sie und andere Studenten ihres Lehrerseminars zwangen, der Hinrichtung von 31 Gefangenen beizuwohnen, von denen viele nicht viel älter waren als sie selbst. Dieser brutale Akt sollte die Jugendlichen abschrecken, hatte aber den gegenteiligen Effekt auf Tina: Sie schloss sich der Widerstandsbewegung an. Unter dem Decknamen »Gabriella« erledigte sie Kurierdienste und legte täglich bis zu 70 Kilometer mit dem Fahrrad zurück, um Nachrichten, Waffen und Munition zu überbringen. Diese subversive Arbeit war äußerst gefährlich, und Tina Anselmi wusste aus erster Hand, was es bedeutete, gefasst zu werden.

Im Dezember 1944 trat sie der Democrazia Cristiana, der Partei der Christdemokraten, bei. Später sagte sie über diesen Schritt: »Die wichtigste Erfahrung in diesen Monaten des Kampfs war das Mitmachen. Um die Welt zu verändern, muss man dabei sein – ohne politische Teilhabe gibt es keine Demokratie, und ohne sie könnte das Land wieder ins Chaos abgleiten.«

Nach dem Krieg arbeitete Anselmi als Grundschullehrerin, widmete sich der Gewerkschafts- und der Parteiarbeit und stieg in der Hierarchie auf. Sie war Leiterin der jungen Christdemokraten, Vizepräsidentin der Europäischen Frauenunion und später stellvertretende Vorsitzende der

Christdemokratischen Partei. Sie wurde erstmals 1968 in die italienische Abgeordnetenkammer gewählt und blieb bis 1992 Abgeordnete, wobei sie fünfmal wiedergewählt wurde.

1976 wurde sie zur Arbeitsministerin ernannt und brachte Gesetze zur Lohngleichheit und Chancengleichheit sowie ein Gesetz ein, das die Verantwortung von Vätern als Betreuungspersonen bekräftigte. Als Gesundheitsministerin legalisierte sie die Abtreibung im ersten Schwangerschaftsdrittel und trieb die Reformen zur Einführung eines nationalen Gesundheitsdiensts mit voran. Ab 1981 leitete sie die Parlamentarische Untersuchungskommission über die Freimaurerloge P2 (Propaganda Due), die als Gefahr für die Demokratie angesehen wurde, weil sie eine rechtsextreme Agenda verfolgte. Ihr schonungsloses Streben nach der Wahrheit brachte sie selbst in Gefahr: Sie wurde verfolgt und bedroht, vor ihrem Haus fand man einen Sprengsatz. In vierjähriger Arbeit deckte Anselmi auf, welche Bedrohung die Verschwörer für den Staat darstellten; ihre daraus abgeleiteten Empfehlungen wurden zwar nicht umgesetzt, aber ihre Arbeit bot zahlreiche Ansatzpunkte zur Untersuchung der politischen Korruption.

Tina Anselmi wurde auch im Ruhestand mehrmals als mögliche Kandidatin für das Staatspräsidentenamt vorgeschlagen. Sie genoss hohe Anerkennung und blieb vor allem wegen ihres Einsatzes für die Chancengleichheit in Erinnerung. Eine ihrer Maximen lautete: »Frauen müssen lernen, dort zu sein, wo es Probleme zu lösen gibt. Ich glaube nämlich, dass die Qualität der Politik von einem höheren Frauenanteil nur profitieren kann.«

Tina Anselmi starb 2016 im Alter von 89 Jahren.

Vaira Vīķe-Freiberga

LETTLAND

Vaira Vīķe-Freiberga war 1999 die erste Staatspräsidentin von Lettland.

Meine Eltern ließen mich nie vergessen, dass ich Lettin bin«, sagt Vaira Vīķe-Freiberga über ihre Kindheit, die sie als Kriegsflüchtling im Exil verbrachte. Sie wurde 1937 in Riga geboren, zu einem Zeitpunkt, als der kommende Zweite Weltkrieg bereits seinen Schatten aufs Baltikum warf. Ihr Vater starb bald nach ihrer Geburt auf See, und ihre Mutter heiratete erneut. 1940 wurde Lettland zunächst von der Sowjetunion annektiert und dann von Nazi-Deutschland besetzt. Als die Sowjetunion 1944 zur Rückeroberung des Landes vorrückte, floh Vairas Familie. Sie machte sich auf eine gefährliche Reise nach Deutschland, und Vaira erinnert sich: »Noch immer verfolgen mich Albträume, die davon herrühren.« Sie gelangten in das Flüchtlingslager Lübeck, wo die Bedingungen sehr schlecht waren. Innerhalb von drei Wochen nach ihrer Ankunft erkrankte ihre zehn Monate alte Schwester Mara an einer Lungenentzündung und starb, während Vaira eine Infektion mit der Ruhr überlebte.

Nach dem Krieg fand der Stiefvater Arbeit beim Bau eines Staudamms in Marokko, wo Vaira eine französische Schule besuchte und Französisch lernte. Nach fünf Jahren zog die Familie nach Kanada, ein weiteres Land, in dem es eine neue Sprache zu lernen galt. Vaira war zu diesem Zeitpunkt 16 Jahre alt, und anstatt die Schule zu beenden, nahm sie eine Stelle in einer Bank an, um die Schulden begleichen zu helfen, die die Familie auf der Flucht vor dem Kommunismus gemacht hatte. Vaira Vīķe war jedoch fest entschlossen, ihre abgebrochene Ausbildung abzuschließen, besuchte zunächst Abendkurse und belegte Fernunterricht. Bis 1965 erwarb sie sowohl einen Bachelor- als auch einen Masterabschluss sowie einen Doktortitel in Psychologie. Sie wurde Professorin für Psychologie an der Universität von Montreal, wo sie 33 Jahre lang tätig war. Sie beherrschte inzwischen fünf Sprachen fließend.

Als sie sich 1998 aus der Lehre zurückzog, erreichte Vīķe-Freiberga unerwartet ein Anruf des lettischen Premierministers. Lettland hatte 1991 seine Unabhängigkeit erklärt, und Mitte der 1990er-Jahre waren die russischen Truppen abgezogen. Sie wurde gebeten, Direktorin des neu gegründeten Lettischen Instituts zu werden, das die lettische Kultur international vertreten soll. Nach 54 Jahren im Exil kehrte sie im Juni 1998 in ihr Heimatland zurück. Sie machte auf sich aufmerksam, als sie sich in einer Radiosendung für Lettisch als Amtssprache des Landes einsetzte, woraufhin Stimmen laut wurden, die sie für das Amt der Präsidentin ins Spiel brachten.

In der lettischen Saeima (Parlament) herrschte eine Pattsituation, da keiner der Präsidentschaftskandidaten über eine Mehrheit verfügte. Die Abgeordneten von drei Parteien schlugen Vaira Vīķe-Freiberga als Kompromisskandidatin vor. Sie gab ihre kanadische Staatsangehörigkeit auf, um kandidieren zu können, und gewann die Wahl nach sieben Wahlgängen mit einer Stimmenmehrheit. Viele Letten hatten noch nie von ihr gehört und waren überrascht, dass eine Frau ohne politische Erfahrung dieses Amt bekleiden sollte, aber ihre Stellung als Unabhängige, die von Parteidenken unbelastet auftreten konnte, war einer der Gründe, warum sie sich bald großer Beliebtheit erfreute.

Lettland hatte mit großen wirtschaftlichen Problemen zu kämpfen, und es gab starke Spannungen zwischen den lettischen und den russischen Bevölkerungsteilen. Vīķe-Freiberga redete Klartext, wirkte aber auch versöhnlich und konnte mit Politikern aller Parteien zusammenarbeiten. Sie wurde mit großer Mehrheit für eine zweite Amtszeit bestätigt und spielte eine Schlüsselrolle bei der Mitgliedschaft Lettlands in der NATO und der Europäischen Union. Sie trat 2007, wenige Monate vor ihrem 70. Geburtstag, von ihrem Amt zurück, blieb aber auf der internationalen Bühne aktiv und war von 2014 bis 2020 Präsidentin des Club de Madrid, des weltweit größten Forums ehemaliger Staats- und Regierungschefs.

Sylvie Kinigi

BURUNDI

1993 wurde Sylvie Kinigi zur ersten Premierministerin in Afrika gewählt.

Sylvie Ntigashira hatte das Glück, als Kind zur Schule gehen zu können, was ihrer ältesten Schwester verwehrt blieb, da sie im Haushalt helfen musste. Sylvie wurde 1953 als drittes von sechs Kindern einer Tutsi-Familie in Bujumbura, einer ländlichen Provinz im damaligen belgischen Kolonialgebiet Ruanda-Urundi, geboren. Sie wurde in einer belgischen Schule von Nonnen unterrichtet und studierte anschließend Wirtschaftswissenschaften an der Universität von Burundi. 1973 heiratete sie einen burundischen Akademiker, Firmin Kinigi, der ethnisch zu den Hutu gehörte. Er unterstützte Sylvies Karriere, und die Familie stellte ein Dienstmädchen ein, das sich um den Haushalt und die fünf Kinder kümmerte. Nach ihrem Abschluss arbeitete sie in der Zentralbank von Burundi und unterrichtete an der Universität.

Sylvie Kinigi wurde in der Frauenorganisation der regierenden Tutsi-Partei, der Union für nationalen Fortschritt (UPRONA), aktiv. Als gemäßigte Politikerin setzte sie sich für Reformen ein und nahm Einfluss auf wirtschaftliche und soziale Maßnahmen für Frauen. Sie stieg zur Leiterin der Organisation und zum Mitglied des nationalen Exekutivausschusses auf. 1991 wurde Kinigi Sonderberaterin des Premierministers und war für die Durchführung von Wirtschaftsreformen zuständig. Urundi war seit 1962 unabhängig, doch im jetzt Burundi genannten Land herrschten in den folgenden Jahrzehnten brutale Bürgerkriege und Konflikte, die Hunderttausende von Menschenleben forderten. Ein Hoffnungsschimmer zeigte sich, als Burundi 1993 seine ersten demokratischen Wahlen abhalten konnte, die der Oppositionsführer Melchior Ndadaye, ein Angehöriger der ethnischen Mehrheit der Hutu, gewann. Um das Einheitsgefühl zu stärken, setzte Präsident Ndadaye ein Kabinett aus Hutu und Tutsi ein und bat Kinigi, Premierministerin zu werden. Sie fühlte sich überrumpelt und bat um Bedenkzeit, kam aber zum Schluss, dass sie für das Amt min-

destens so qualifiziert war wie die Armeeoffiziere, die das Land bisher regiert hatten. Mit dieser mutigen Entscheidung verärgerte sie die Hardliner in ihrer eigenen Partei.

Nach nur drei Monaten im Amt wurde der Präsident bei einem Putschversuch von aufständischen Tutsi-Truppen getötet. Daraufhin brach ethnische Gewalt aus; Kinigi und die Mitglieder der Regierung flüchteten in die französische Botschaft. Nach einigen Tagen gelang es ihr, eine Mehrheit von Ministern zu versammeln, um die Regierung fortzuführen, und sie wurde faktisch zur amtierenden Präsidentin. Es gelang ihr, die Regierung zusammenzuhalten und die Verhältnisse so weit zu stabilisieren, dass die Nationalversammlung 1994 einen neuen Präsidenten wählen konnte, wobei Sylvie Kinigi im Sinne eines demokratischen Übergangs sofort zurücktrat. Sie sagte, die politische Stabilität herbeizuführen, um eine neue Regierung an die Macht zu bringen, sei eine enorme Aufgabe gewesen. »Ich wollte Frieden und Normalität, aber meine Mitstreiter wünschten einen Staatsstreich. So kann man nicht weitermachen. Als es mir gelang, auf einigermaßen akzeptable Weise einen Nachfolger wählen zu lassen, trat ich zurück.« Der Verfall der staatlichen Autorität war jedoch zu groß, sodass das Militär schließlich die Kontrolle übernahm und Burundi in einen Krieg stürzte, der erst 2005 beendet wurde.

Sylvie Kinigi arbeitete danach unter anderem bei den Vereinten Nationen. Später kehrte sie nach Burundi zurück, um die wirtschaftliche Entwicklung im Land voranzutreiben. Eines ihrer Hauptanliegen ist, Frauen das Recht zu geben, Land und Eigentum erben zu können.

Miina Sillanpää

FINNLAND

Miina Sillanpää gehörte 1907 zu den ersten 19 Frauen, die ins finnische Parlament gewählt wurden, und 1926 übernahm sie als erste Finnin ein Ministerium.

Finnland befand sich in einer schrecklichen Ernährungskrise, den »Hungerjahren«, als Vilhelmiina Riktig 1866 als Tochter armer Bauern in Jokioinen geboren wurde. Missernten und unerwartete Wetterkapriolen hatten hier und in Nordschweden zu einer Hungersnot geführt, die die letzte in Westeuropa sein sollte. Etwa 170 000 von den zwei Millionen Einwohnern Finnlands verhungerten. Diese düstere Zeit prägte Miinas frühe Jahre, und sie berichtete später, ihre Kindheit sei so grau gewesen, dass es darüber nichts zu erzählen gäbe.

Wie andere Kinder aus armen Familien besuchte sie ein paar Klassen in der »Gastschule« (die sich auf einen Wanderlehrer beschränkte, der von Dorf zu Dorf zog), während sie gleichzeitig auf dem Hof der Familie arbeitete und sich um die jüngeren Geschwister kümmerte. Sie war erst zwölf, als sie anfing, in einer Baumwollspinnerei in Zwölf-Stunden-Schichten für geringen Lohn zu arbeiten und dort in einem Schlafsaal zu schlafen. Es gab zwar etwas Unterricht, und Miina war wissbegierig und schätzte die wenigen Ausbildungsmöglichkeiten, die die Spinnerei bot, aber sie lernte weitgehend autodidaktisch. Später bezeichnete sie das Leben und nicht das Lernen aus Büchern als ihren wichtigsten Lehrer.

Mit 18 Jahren gab sie sich einen neuen Namen, Miina Sillanpää, und begann als Dienstmädchen zu arbeiten. Später zog sie in die Hauptstadt Helsinki, wo sie zwölf Jahre lang bei verschiedenen Familien als Hausangestellte arbeitete. Aufgrund ihres Interesses für die Arbeiterbewegung wurde sie in das Komitee gewählt, das den Dienstmädchenverband gründete, und ging aus den Wahlen als Vizevorsitzende hervor. Nach dem Anschluss an die neue Bewegung ging sie zur Vereinigung der Diener und Haushaltsgehilfen und wurde Vorsitzende der Organisation, die sich für

die Verbesserung der Rechte und Bedingungen von Hausangestellten einsetzte.

Ein landesweiter Generalstreik im Jahr 1905 war das Signal für Sillanpää, die politische Bühne zu betreten. Kritiker machten sich über ihr Eintreten für die Rechte der Bediensteten lustig und nannten sie eine »Zerstörerin von Heimen«, aber diese Angriffe machten die kämpferische Frau nur noch bekannter und beliebter. Sie wurde eine wichtige Galionsfigur der Arbeiterbewegung und für die Sozialdemokraten.

Auf die Unruhen folgte die Einführung des allgemeinen Wahlrechts, das 1907 auch die finnischen Frauen einschloss, die als Erste in Europa diese Errungenschaft für sich nutzen konnten. Miina Sillanpää wurde als eine von 19 Frauen in das erste Parlament Finnlands gewählt. Sie konzentrierte ihre Arbeit auf die Themen Kinder, Familien, ältere Menschen und Hausangestellte. Sie setzte sich für außerehelich geborene Kinder und ihre Mütter ein und gründete einen Heimverein, in dem sie leben konnten.

Sillanpää wurde 1926 zur Ministerin für soziale Angelegenheiten ernannt und war sich ihrer herausragenden Position bewusst: »Das erregte überall Aufmerksamkeit. Viele Delegationen besuchten mich. Vor allem Frauen wollten mich sehen.« Sie setzte sich für die Verbesserung der städtischen Heime, der Waisenhäuser und der Pflegeeinrichtungen für Arme ein und entwarf Gesetze zur rechtlichen Gleichstellung von Frauen und Männern in der Ehe.

Miina Sillanpää war insgesamt 38 Jahre lang Mitglied des finnischen Parlaments. Neben ihrer politischen Karriere arbeitete sie als Journalistin und für zahlreiche Vereine und bürgerliche Organisationen. Sie starb 1952. 1965 wurde die Miina-Sillanpää-Stiftung zur Unterstützung älterer Menschen gegründet. Im Jahr 2016 erklärte die finnische Regierung den 1. Oktober zum offiziellen Miina-Sillanpää-Gedenktag. Der 1945 von ihr gegründete Verband der Mutter-Kind-Heime und -Unterkünfte unterstützt auch heute noch Frauen, die vor häuslicher Gewalt fliehen.

Joyce Banda

MALAWI

Joyce Banda wurde 2012 zur ersten Präsidentin von Malawi gewählt.

Joyce Banda hatte nach eigener Aussage nicht die Möglichkeit, wie andere Kinder zu spielen, aber so habe sie gelernt, eine Führungsrolle zu übernehmen. Sie wurde 1950 in Malemia in Nyasaland (heute Malawi) als ältestes von fünf Kindern geboren und half bei der Betreuung ihrer Geschwister, während ihre Eltern arbeiteten. Ihre Familie konnte sie auf die Sekundarschule schicken, ihre beste Freundin jedoch konnte die Schulgebühren nicht aufbringen und musste die Schule abbrechen. Dieses Erlebnis habe sie dazu motiviert, ihr Leben den Bildungschancen von Mädchen zu widmen.

Joyce heiratete Roy Kachale, als sie 21 war, und bekam drei Kinder, bis sie 25 war. Ihr Ehemann wurde als Diplomat nach Kenia berufen, und in Nairobi wurde der jungen Frau durch Projekte der Vereinten Nationen für die Gleichberechtigung ihre eigene Situation schmerzlich bewusst. Ihre Beziehung sei von häuslicher Gewalt und Alkoholmissbrauch gezeichnet gewesen. Der soziale Druck auf sie, ihre Ehe fortzuführen, war groß, aber Joyce ließ sich scheiden. Völlig mittellos kehrte sie nach Malawi zurück, wo sie ein Geschäft gründete, um ihre Familie über Wasser zu halten. Im Jahr 1983 heiratete sie Richard Banda, einen Rechtsanwalt mit vier Kindern. Sie bekamen noch zwei Kinder und adoptierten ein weiteres, sodass sie insgesamt zehn Kinder hatten. Ihr Familienleben beschrieb Joyce Banda als »ein verrücktes, aber glückliches Haus«.

Sie gründete und leitete verschiedene Unternehmen, und während einer Reise in die USA kam sie mit Frauenorganisationen in Kontakt. In Malawi gründete sie eine Entwicklungskommission und die National Association of Business Women, für die sie das Land bereiste und zu einer anerkannten Vorkämpferin für die Gleichstellung der Geschlechter wurde. 1997 folgte die Gründung der Joyce Banda Foundation, mit dem Ziel, die Bildung und die Entwicklung von Frauen und Mädchen auf dem Land zu fördern.

Ungeachtet des jahrelangen Kampfs für Veränderungen fühlte sich Banda frustriert, weil die Regierung keine Fortschritte bei der Verbesserung der Lebensbedingungen erzielte. Sie kandidierte 1999 bei den Wahlen und gewann einen Parlamentssitz für die damalige Regierungspartei United Democratic Front. Im Jahr 2009 kandidierte sie an der Seite von Präsident Bingu wa Mutharika und übernahm als erste Frau in Malawi die Vizepräsidentschaft. Mutharika schloss sie jedoch nach einem Streit über die Nachfolge aus der Partei aus. Joyce Banda widerstand zahlreichen Versuchen, sie aus dem Amt zu entfernen, einschließlich eines Attentats, und gründete die People's Party.

Im Jahr 2012 starb Präsident Mutharika im Amt. Nach einer kurzen Zeit verfassungsrechtlicher Unsicherheit wurde Banda als Präsidentin vereidigt. Sie rief zur nationalen Einheit auf und setzte sich die Verbesserung der internationalen Beziehungen Malawis zum Ziel. Mit der Rückkehr ausländischen Kapitals verdoppelte sich das Wirtschaftswachstum des Landes innerhalb von zwei Jahren, doch die Menschen in Malawi lebten weiterhin weitgehend in Armut. Joyce wertete die malawische Landeswährung Kwacha ab, um mehr Gebermittel anzuziehen, was Panikkäufe auslöste. Sie führte unpopuläre Sparmaßnahmen ein, verkaufte den 15 Millionen Dollar teuren Präsidentenjet, die Fahrzeugflotte der Regierung und kürzte ihr eigenes Gehalt um 30 Prozent.

Im Jahr 2013 entließ Joyce Banda nach einer Korruptionsuntersuchung ihr gesamtes Kabinett. Sie sah diese Maßnahme im Zusammenhang mit ihren Bemühungen, der Bestechlichkeit den Boden zu entziehen, aber 2014 verlor sie die Präsidentenwahl und scheiterte auch mit dem Antrag, die Abstimmung für ungültig erklären zu lassen.

Banda setzt sich weiterhin für die Führungsrolle von Frauen auf internationaler Ebene ein. »Afrika hat mehr als jeder andere Kontinent Frauen in Führungspositionen gebracht. Sagen Sie mir, wie viele Präsidentinnen Amerika gehabt hat!«

Berta Pīpiņa

LETTLAND

1931 wurde Berta Pīpiņa als erste Frau in die lettische Saeima gewählt.

Berta Pīpiņas Motivation, in ein öffentliches Amt gewählt zu werden, sei das mitleidige Lächeln auf dem Gesicht ihres Mannes gewesen, sobald sie ihre Meinung geäußert habe: »Ich schwor mir, dass ich eines Tages so gut sprechen werde, dass mich niemand mehr auslachen wird.« Sie wurde 1883 in der Gemeinde Code im Russischen Reich, dem heutigen Lettland, geboren. Nach dem Schulbesuch arbeitete sie als Lehrerin in Charkiw (in der heutigen Ukraine) und studierte in Berlin Logopädie für Kinder. Sie reiste in die Schweiz und nach Russland, um ihr Wissen über Erziehungsmethoden zu erweitern. 1910 kehrte sie nach Lettland zurück und heiratete Ermanis Pīpiņš, einen Journalisten und Literaturkritiker, mit dem sie drei Kinder hatte.

Als Lettland 1918 seine Unabhängigkeit erklärte, begann sich Berta aktiv in der Politik zu engagieren. Sie war Mitbegründerin des Demokratischen Zentrums und trat als erste Frau in den Zentralausschuss der Partei ein. Im Jahr 1919 wurde sie in den Stadtrat von Riga gewählt und beschäftigte sich mit Themen wie Armut, Alkoholkonsum in der Öffentlichkeit sowie Frauen und Familie. Sie hielt Vorträge darüber und schrieb für Zeitungen und Zeitschriften.

Nachdem sie eine Zeit lang für den Lettischen Nationalen Frauenbund gearbeitet hatte, wurde Berta Pīpiņa 1925 zu dessen Präsidentin gewählt. Später war sie Mitbegründerin und dann Leiterin des Rates der lettischen Frauenorganisationen, zu dessen Zielen es gehörte, den gesellschaftlichen und politischen Einfluss von Frauen zu stärken. Fünf Frauen hatten nach der Unabhängigkeit Sitze in der Verfassunggebenden Versammlung, der ersten gewählten gesetzgebenden Körperschaft, errungen, aber sie konnten kaum politische Erfolge für sich verbuchen. Nach der Verabschiedung einer Verfassung wurde das Parlament, die Saeima, gebildet. Im Jahr 1931 ließ sich Pīpiņa als Abgeordnete in die vierte Saeima wählen. Sie war die

einzige Parlamentarierin und machte regelmäßig auf die Auswirkungen der Gesetzgebung auf Frauen und Familien aufmerksam. Sie setzte sich für die staatliche Unterstützung von armen Müttern und Familien ein und brachte einen Gesetzentwurf zu Fall, der von verheirateten Frauen verlangte, ihre Erwerbstätigkeit aufzugeben. Für ihre Ansichten wurde sie von prominenten männlichen Politikern und in der Presse verspottet.

1934 gründete Berta Pīpiņa die Zeitschrift *Latviete* (Lettische Frau), die die Gleichberechtigung von Frauen und Männern forderte und die lettischen Frauen aufforderte, zu ihren ländlichen Wurzeln zurückzukehren und sich von den ausländischen Einflüssen der letzten Jahrhunderte zu befreien. Im selben Jahr putschte Ministerpräsident Kārlis Ulmanis, setzte sich an die Spitze eines autoritären Regimes und hob die Verfassung auf. Berta zog sich aus der Politik zurück und widmete sich ihrer journalistischen Tätigkeit und der Veröffentlichung eines Romans. Nach der sowjetischen Besetzung Lettlands im Jahr 1940 galt sie als Staatsfeind und wurde 1941 nach Sibirien deportiert.

Berta starb 1942 in einem Gulag, einem Zwangsarbeitslager für politische Häftlinge, am Fluss Ob. Man geht davon aus, dass zwischen 1930 und 1953 mehr als 1,5 Millionen Menschen in den sowjetischen Lagern starben. Während der Sowjetzeit verschwand Berta Pīpiņas Name aus der öffentlichen Wahrnehmung. Erst nach der Wiedererlangung der Unabhängigkeit Lettlands im Jahr 1991 wurde ihre wichtige Rolle als Pionierin wieder anerkannt.

Portia Simpson-Miller

JAMAIKA

Im Jahr 2006 wurde Portia Simpson-Miller zur ersten Premierministerin von Jamaika gewählt.

Beim ersten Vornamen von Portia Lucretia Simpson stand die weibliche Hauptrolle in Shakespeares Theaterstück *Der Kaufmann von Venedig* Pate. Ihr Vater hatte das durchgesetzt: »Er wollte immer, dass ich Anwältin werde. Aber am Ende erreichte ich mehr als das, denn ich wurde die erste Premierministerin von Jamaika. In der Nacht, als dies verkündet wurde, dürfte sein Geist gejubelt haben.« Simpson wurde 1945 in Wood Hall in eine arme bäuerliche Familie hineingeboren. Diese unterstützte die People's National Party (PNP) und stellte ihr Haus für Versammlungen zur Verfügung. Portias Vater, sagt sie, sei kein gebildeter Mann gewesen, habe ihr aber den Wert des Lernens vermittelt.

Im Jahr 1974 wurde sie aufgefordert, bei den Kommunalwahlen zu kandidieren, und beschrieb den Sieg als einen Schlüsselmoment in ihrem Leben. Die Menschen vor Ort betrachteten sie als eine der ihren: »Ich bekam viel Unterstützung, einfach nur, weil ich zum Beispiel meine Haare wachsen ließ, wie es die Natur wollte. Sie sagten: ›Sie könnte meine Tochter oder Enkelin sein.‹ Sie hielten mich an der Hand und brachten mich zu den anderen Menschen in der Gegend und sagten: ›Seht dieses Mädchen, wir müssen sie unterstützen.‹« Simpson gewann 1976 zum ersten Mal einen Sitz im Repräsentantenhaus für die PNP.

Während die einen sie liebevoll »Sista P« nannten, kritisierten andere sie wegen ihres kreolischen Dialekts und ihrer vermeintlich mangelhaften Bildung. Diese Kritik habe sie trotz der Zähigkeit, die sie als Politikerin entwickelt hatte, getroffen. Dennoch war Simpson im Parlament erfolgreich, wurde zunächst Vizepräsidentin ihrer Partei und leitete deren Frauenflügel, ehe sie ab 1989 mehrere Ministerämter übernahm. Vielleicht auch, um ihre Kritiker mundtot zu machen, machte sie 1997 einen Bachelor in öffentlicher Verwaltung. Im darauffolgenden Jahr heiratete sie den

Geschäftsmann Errald Miller, mit dem sie vier Kinder hat und dessen Nachnamen sie an ihren eigenen anfügte.

Im Jahr 2002 kündigte der PNP-Vorsitzende und Premierminister P. J. Patterson, seine Absicht an, in den Ruhestand zu treten. Portia Simpson-Miller gewann die Wahl um den Vorsitz gegen ihre beiden männlichen Konkurrenten. Sie wurde 2006 im Alter von 60 Jahren Premierministerin von Jamaika und forderte ihre Mitbürgerinnen und Mitbürger zur Zusammenarbeit für Menschenrechte, Arbeitsplätze und Bildung auf. Die Kriminalität sank und die Wirtschaft wuchs, aber Simpson-Millers Beliebtheitswerte fielen durch einen Finanzskandal in ihrer Regierung. Außerdem wurde sie dafür kritisiert, dass nach dem Hurrikan Dean im Jahr 2007 rasche Hilfe ausblieb. Die PNP verlor die Wahlen im folgenden Jahr knapp und Portia Simpson-Miller ging in die Opposition. Im Jahr 2012 wurde sie erneut zur Premierministerin gewählt. Sie reformierte die Drogengesetze des Landes und amtierte vier Jahre lang, bevor sie 2016 zurücktrat.

Portia Simpson-Miller findet, dass Frauen aus allen Schichten sich an ihrem Lebensweg orientieren können: »Ich bin das Mädchen aus Wood Hall, das es als Premierministerin bis in den Regierungspalast geschafft hat, und es ist nicht nur mein Weg, sondern einer für alle Kinder, Mädchen und Frauen dieses Landes. Sie wissen nun, dass auch für sie erreichbar ist, was sie im Leben erreichen wollen.«

Graça Machel

MOSAMBIK

1975 übernahm Graça Machel als erste Frau in Mosambik ein Ministerium.

Graça Machels Mutter sorgte dafür, dass alle ihre Kinder trotz der schwierigen Lebensumstände der Familie eine Schulbildung erhielten. »Wir hatten nicht viel, aber wir waren nie arm. Meine Mutter vermittelte uns ein starkes Gefühl für Würde.« Als jüngstes von sechs Kindern wurde Graça Simbine 1945 in der Provinz Gaza geboren, als ihr ostafrikanisches Heimatland noch unter portugiesischer Kolonialherrschaft stand. Ihr Vater, ein methodistischer Pfarrer, war Wochen vor ihrer Geburt gestorben. Ab ihrem sechsten Lebensjahr besuchte Graça eine methodistische Missionsschule; über 90 Prozent der Frauen in Mosambik konnten Portugiesisch damals weder lesen noch schreiben. Simbine gehörte zur winzigen Minderheit schwarzer Schüler an der Sekundarschule und besuchte mit einem Stipendium die Universität von Lissabon, wo sie Sprachen im Hauptfach studierte.

An der Universität beteiligte sich Graça Simbine an Aktionen für die Befreiung Mosambiks und wurde von der Geheimpolizei überwacht, sodass sie in die Schweiz flüchten musste, um einer Verhaftung zu entgehen. Als Freiheitskämpferin schloss sie sich der gut organisierten Widerstandsbewegung Frelimo an. In Tansania erhielt sie eine militärische Ausbildung und begann, Kinder in Schulen zu unterrichten. In dieser Zeit lernte sie Samora Machel kennen, den Chef der Frelimo (und späteren Präsidenten), der ihr Ehemann werden sollte.

Der Sturz der faschistischen Diktatur in Portugal ermöglichte die Unabhängigkeit Mosambiks im Jahr 1975. Die Frelimo bildete eine Übergangsregierung, und Graça Machel war im Alter von 29 Jahren die erste Bildungsministerin des Landes und die einzige Frau im Kabinett. Unter ihrer Ägide stieg die Einschulungsrate in der Grundschule von 40 auf über 90 Prozent der Jungen und 75 Prozent der Mädchen, und es wurden Alphabetisierungsprogramme für Erwachsene eingeführt. Das Land litt jedoch

unter einem brutalen Krieg, der von der Anti-Frelimo-Guerilla geführt und vom damaligen Apartheidsstaat Südafrika finanziert wurde. Im Jahr 1986 kam Samora Machel bei einem Flugzeugabsturz ums Leben, den viele auf südafrikanische Einmischung zurückführten.

Seine Witwe leitete Projekte, die sich mit den Auswirkungen des Kriegs auf Kinder befassten. Die Vereinten Nationen ernannten sie zur unabhängigen Expertin, und ihr bahnbrechender Bericht empfahl Wege zur Rehabilitation von Kindern, die von kriegerischen Konflikten betroffen waren. 1995 wurde Machel in Anerkennung ihres Beitrags zum Wohlergehen von Flüchtlingskindern mit der Nansen-Medaille der Vereinten Nationen ausgezeichnet, und sie setzte sich erfolgreich dafür ein, dass afrikanische Regierungen einen internationalen Vertrag über das Verbot von Landminen unterzeichneten.

Graça Machel ist die einzige Frau, die in zwei Ländern First Lady war – sie heiratete 1998 den südafrikanischen Präsidenten Nelson Mandela. Die beiden hatten sich kennengelernt, als er nach dem Tod des Vorsitzenden des Afrikanischen Nationalkongresses, Oliver Tambo, die Patenschaft für ihre Kinder übernahm. Zusammen mit ihrem Ehemann war Graça Machel Gründungsmitglied von The Elders, einer unabhängigen Gruppe weltweit führender Persönlichkeiten, die sich für Frieden, Gerechtigkeit und Menschenrechte einsetzen.

So wie ihre Mutter ihr als Kind eine Ausbildung ermöglichte, so betrachtet es Graça Machel als ihr persönliches Vermächtnis, Kinder zu fördern: »Geben wir dem vernachlässigten Mädchen ein Gesicht und eine Stimme. Wenn es endlich im Mittelpunkt unserer Entwicklungsbemühungen steht, wird es die Welt verändern.«

Leyla Zana

TÜRKEI

1991 wurde Leyla Zana als erste Kurdin ins türkische Parlament gewählt.

Heute gehen die Frauen in der Türkei auf die Straße und verschaffen sich Gehör. In der Vergangenheit mussten sie schreien, um als Menschen wahrgenommen zu werden. Die Haltung war: Wenn du ein Mann bist, bist du wertvoll, wenn du eine Frau bist, bist du es nicht. Diese Engstirnigkeit musste durchbrochen werden«, erklärte Leyla Zana.

Sie wurde 1961 im Südosten der Türkei in einer kurdischen Familie geboren. Die Kurden sind die größte ethnische Minderheit in der Türkei und seit Langem staatlichen Repressionen ausgesetzt, einschließlich des Verbots ihrer Sprache. Obwohl Leyla weiter zur Schule gehen wollte, erlaubte ihr Vater ihr nur 18 Monate Schulausbildung, sodass sie Analphabetin blieb. Angepasst habe sie sich nie: »Mit neun Jahren habe ich meinen 45-jährigen Onkel angegriffen, weil er meine Tante schlug. Ich war immer eine Kämpferin.« Mit 14 Jahren wurde sie mit ihrem 20 Jahre älteren Cousin Mehdi Zana verheiratet. Leyla war darüber zwar verzweifelt, aber es gehörte zu ihrer Kultur, kein Mitspracherecht bei ihrer Lebensplanung zu haben, und das sei auch bei ihr nicht anders gewesen. Später beschäftigte sie sich als Politikerin mit dem Thema Kinderheirat. Mehdi wurde in der Kommunistischen Arbeiterpartei der Türkei aktiv und zum Bürgermeister von Diyarbakır gewählt. Nach dem Militärputsch im Jahr 1980 kam er für zehn Jahre in Haft.

Leyla Zana war nun junge alleinerziehende Mutter eines Kindes und schwanger mit einem weiteren. Zeitweise wusste sie nicht, wie sie weiterleben sollte. Aber sie lernte zusammen mit ihren Kindern lesen und schreiben, schöpfte daraus Kraft und Selbstbewusstsein und beteiligte sich ab 1984 an politischen Aktivitäten. Sie arbeitete in der örtlichen Menschenrechtsgruppe mit und hatte den Ruf einer guten Organisatorin. 1988 wurde Zana verhaftet, weil man ihr vorwarf, aufrührerische Reden gehalten zu haben. Wie andere politische Gefangene wurde sie nach eigener Aussage

nackt ausgezogen und mit Stromstößen gefoltert. Sie gewann 1991 einen Sitz im Parlament für die sozialdemokratische SHP und erhielt 84 Prozent der Stimmen in ihrem Bezirk.

Bei ihrem berühmtesten Auftritt legte Leyla Zana den parlamentarischen Eid der Vorschrift gemäß auf Türkisch ab und fügte dann einen kurdischen Satz hinzu, während sie ein Stirnband in den kurdischen Farben Gelb, Rot und Grün trug. Die kurdische Sprache war vor Kurzem für den privaten Gebrauch erlaubt worden, aber in der Öffentlichkeit noch immer verboten. Dieser letzte Satz in kurdischer Sprache sorgte für Aufruhr: »Es lebe die türkisch-kurdische Brüderschaft.« Filmmaterial zeigt, wie die anderen Parlamentarier empört aufschreien und auf die Tische schlagen.

Vor der Anklage und Strafverfolgung als Separatistin und Terroristin war Leyla als Abgeordnete zunächst geschützt. 1993 trat sie der neuen Kurdischen Demokratiepartei bei, doch 1994 wurde die Partei verboten und Leyla des Hochverrats angeklagt und beschuldigt, Verbindungen zur militanten Arbeiterpartei Kurdistans (PKK) zu unterhalten, was sie vehement bestritt. Leyla Zana verbrachte zehn Jahre im Gefängnis, wurde von Amnesty International als »Gefangene aus Gewissensgründen« anerkannt und für den Friedensnobelpreis nominiert. Im Jahr 1995 verlieh ihr das Europäische Parlament in Anerkennung ihres Einsatzes für die Menschenrechte den Sacharow-Preis für geistige Freiheit. Als der internationale Druck zunahm, ordnete das Oberste Berufungsgericht der Türkei 2004 ihre Freilassung aus der Haft an.

Leyla kehrte zum Aktivismus zurück und wurde erneut ins Parlament gewählt. 2012 machte sie Schlagzeilen, als sie sich mit Premierminister Erdoğan traf, um über den kurdisch-türkischen Friedensprozess zu sprechen – ein zuvor undenkbarer Schritt. Dennoch wurde Leyla weiterhin verfolgt, zuletzt 2018, als ihr die Mitgliedschaft im Parlament entzogen wurde. Sie setzt sich weiterhin für den Frieden ein.

Maureen Colquhoun

GROSSBRITANNIEN

1976 war Maureen Colquhoun die erste geoutete LGBTQIA+-Parlamentarierin in Großbritannien.

Erst gegen Ende ihres Lebens bekam Maureen Colquhoun Anerkennung als Wegbereiterin für LGBTQIA+ in der Politik. In ihrer aktiven Zeit litt ihre Karriere jedoch unter Vorurteilen; im Jahr 2017 entschuldigten sich Vertreter ihres ehemaligen Wahlkreises schriftlich für frühere Entgleisungen. Maureen wurde 1928 im südenglischen Eastbourne geboren und wuchs bei ihrer alleinerziehenden irischen Mutter auf. Sie interessierte sich schon früh für Politik, trat mit 17 Jahren in die Labour Party ein, studierte Wirtschaftswissenschaften und heiratete mit 20 den Journalisten Keith Colquhoun. Sie bekamen drei Kinder.

Maureen Colquhoun kümmerte sich einige Zeit hauptsächlich um familiäre Aufgaben, kehrte aber in die Politik zurück, sobald ihre Kinder selbstständig waren, und wurde 1965 in den Stadtrat von Shoreham gewählt. Als Nächstes wollte sie für das Parlament kandidieren, aber wie vielen Frauen gestand man auch ihr keinen sicheren Wahlkreis zu und sie scheiterte bei ihrem ersten Versuch 1970. In einem ehrlichen Interview vor den Parlamentswahlen 1974, als sie 45 Jahre alt war, sagte sie: »Wenn man sich nicht schon in seinen Zwanzigern entscheidet, dass man eine politische Karriere anstrebt, läuft man Gefahr, von einem Mann in die familiäre Falle gelockt zu werden, und das ist mir mit Keith Colquhoun passiert.« Trotz des engen Rennens um den Wahlkreis Northampton North gewann Maureen Colquhoun und stürzte sich in ihr neues Leben in Westminster.

Als entschlossene Feministin setzte sie sich für die Abschaffung von Frauengefängnissen, die Entkriminalisierung der Prostitution und die Lockerung des Abtreibungsrechts ein. Während ihrer Arbeit am Sex Discrimination Act von 1975 lernte sie Barbara Todd kennen, Mitherausgeberin der lesbischen Zeitschrift *Sappho*. Gemeinsam arbeiteten die beiden an einem Gesetzentwurf zur Schaffung einer gleichberechtigten Vertre-

tung in öffentlichen Einrichtungen und fühlten sich zueinander hingezogen. »Als das Parlament zur zweiten Lesung des Gesetzes über die Gleichberechtigung der Geschlechter zusammentrat, wusste ich, dass Babs mich liebte, und sie wusste, dass ich sie liebte.«

Maureen Colquhoun outete sich bald gegenüber ihrer Familie, sprach öffentlich über ihre Beziehung und zog mit ihrer neuen Partnerin nach London. Sie bat den Sprecher des Unterhauses, ihren Titel von Mrs. in Ms. zu ändern oder sie neutral mit ihrem Namen anzusprechen. Eine Klatschspalte in der Zeitung *Daily Mail* berichtete über ihre Beziehung, und ihre Familie wurde von Boulevardjournalisten belästigt. Ihre Partei war beunruhigt, weil sie sich regelmäßig in der Presse zu diesem und anderen Themen äußerte, etwa als sie 50 Sexarbeiterinnen zur ersten Lesung ihres Gesetzes zum Schutz von Prostituierten in einen Parlamentsausschuss brachte.

Bei der nächsten Wahl fand sich Maureen ohne politische Verbündete wieder, und ihr örtlicher Parteivorsitzender soll gesagt haben: »Sie wurde als berufstätige Ehefrau und Mutter gewählt. Diese Angelegenheit hat ihrem Image unwiederbringlich geschadet.« Sie wurde nicht erneut aufgestellt, vermutlich aufgrund von Vorurteilen wegen ihrer Sexualität. Sie legte Einspruch gegen die Entscheidung ein und gewann, verlor aber bei den Wahlen 1979 ihren Sitz an den Kandidaten der Konservativen.

Maureen schaffte es nie wieder zurück ins Parlament. Sie arbeitete für Gingerbread, eine Wohltätigkeitsorganisation für Alleinerziehende, sowie für die Labour-Partei und war acht Jahre lang Stadträtin im Londoner Stadtbezirk Hackney. Nachdem die gleichgeschlechtliche Ehe im Vereinigten Königreich legalisiert worden war, heiratete Maureen Colquhoun 2015 ihre langjährige Partnerin Barbara Todd. Als Maureen 2021 im Alter von 92 Jahren starb, wurde sie zusammen mit der im Jahr zuvor verstorbenen Barbara unter einem Grabstein mit der Aufschrift »Sie haben sich geliebt« beigesetzt.

Cristina Fernández de Kirchner

ARGENTINIEN

Im Jahr 2007 wurde Cristina Fernández de Kirchner zur ersten Präsidentin Argentiniens gewählt.

Frauen an der Spitze lateinamerikanischer Länder, insbesondere in Argentinien, müssen sich fast immer mit Eva Perón vergleichen lassen, obwohl »Evita« sich nie einer demokratischen Wahl gestellt hat. Dennoch dominiert der Name Perón weiterhin die argentinische Politik, und auch Cristina Fernández de Kirchner ist Perónistin – ein weiter Begriff, der diejenigen beschreibt, die sich immer noch zur Politik des ehemaligen Präsidenten Juan Perón in Bezug auf soziale Gerechtigkeit, wirtschaftlichen Nationalismus und politische Souveränität bekennen.

Cristina Fernández wurde 1953 in La Plata geboren; ihre Mutter war eine perónistische Gewerkschaftsführerin, während ihr Vater ein Busunternehmen leitete. Ihre Kindheit verlief behütet. Sie studierte Jura und lernte ihren Ehemann Néstor Kirchner kennen, und das Paar engagierte sich in den 1970er-Jahren in der Perónistischen Partei. 1976 stürzte die Militärjunta die nicht gewählte Präsidentin Isabel Perón, und die Kirchners flohen in den Süden des Landes und gründeten eine Anwaltskanzlei.

In den 1980er-Jahren wurden beide in das Provinzparlament gewählt, 1991 übernahm Néstor den Gouverneursposten von Santa Cruz. Cristina unterstützte ihn als Abgeordnete, ein Muster, das sich im Lauf ihrer Karriere wiederholte. Sie schaffte allerdings zuerst den Sprung auf die nationale Ebene und wurde 1995 in den Senat und 1997 in die Abgeordnetenkammer gewählt. Zu dieser Zeit erlangte sie landesweite Bekanntheit, weil sie den Präsidenten Carlos Menem wegen illegaler Waffenverkäufe und Korruption kritisierte. Néstor Kirchner gewann 2003 den Kampf um die Präsidentschaft. Cristina begleitete ihn nicht aufs Podium, da sie es vorzog, als »Erste Bürgerin« und nicht als »First Lady« bezeichnet zu werden. Sie setzte sich jedoch mit großem Eifer dafür ein, die Gesetzentwürfe ihres Mannes durchzusetzen, und wurde in fast alle seiner Entscheidungen ein-

bezogen, sodass ihr Einfluss den gewöhnlicher Politiker bedeutend überstieg.

Néstor Kirchner absolvierte eine Amtszeit und unterstützte dann die Kandidatur seiner Frau bei den nächsten Präsidentschaftswahlen. In der machohaften argentinischen Kultur musste Cristina Kritik kontern, die sich weniger auf ihre Politik als auf ihr Äußeres bezog, sowie Anschuldigungen, dass sie ihre Position ihrem Mann verdanke. Sie sagte, dass Frauen »immer einen doppelten Test bestehen müssen: erstens, um zu zeigen, dass wir keine Idioten sind, nur weil wir Frauen sind, und zweitens, um jenen Test zu bestehen, den jeder machen muss.«

Sie gewann die Präsidentschaftswahlen 2007 mit 45 Prozent der Stimmen. Als sie an die Macht kam, versprach sie, das Bildungs- und das öffentliche Gesundheitssystem zu verbessern und Argentinien zu einem Vorbild in Sachen Menschenrechte zu machen. Als die globale Finanzkrise 2008 ausbrach, hatte Cristina Fernández de Kirchners Regierung Mühe, die Lage zu bewältigen, und verlor ihre Mehrheit in beiden Kammern.

Im Jahr 2010 starb Néstor unerwartet, und seine Witwe trug fortan Schwarz und betonte, dass sie sein Andenken durch die Umsetzung seiner Politik bewahren wolle. Bei den Wahlen 2012 gewann sie mit dem größten Vorsprung seit Beginn der demokratischen Wahlen im Jahr 1983. Im Jahr 2013 musste sie wegen einer Hirnblutung eine Auszeit nehmen. Die Begrenzung auf zwei Amtszeiten hinderte Fernández de Kirchner daran, bei den Präsidentschaftswahlen 2015 erneut anzutreten, und der von ihr unterstützte Kandidat verlor vor dem Hintergrund von Korruptionsvorwürfen im Zusammenhang mit ihrer Amtszeit. Dennoch wurde sie 2019 zur Vizepräsidentin gewählt und blieb beliebt, ungeachtet der einschneidenden Sparmaßnahmen der neuen Regierung. Eine Anklage gegen Fernández de Kirchner wegen »Hochverrats«, die von Human Rights Watch als unbegründet bezeichnet wurde, wurde 2021 zurückgewiesen, ebenso wie eine Anklage wegen Betrugs. Im Dezember 2022 – sie hatte gerade einen Mordanschlag knapp überlebt – wurde Fernández de Kirchner allerdings in erster Instanz zu sechs Jahren Haft wegen Veruntreuung öffentlicher Mittel verurteilt. Zusätzlich verhängte das Gericht eine lebenslange Sperre für die Ausübung öffentlicher Ämter. Das Urteil ist allerdings noch nicht rechtskräftig.

Ella Koblo Gulama

SIERRA LEONE

1957 wurde Ella Koblo Gulama als erste Frau in das Repräsentantenhaus von Sierra Leone gewählt, und 1963 war sie die erste Kabinettsministerin in Westafrika.

Ella Gulama wurde 1921 im Königreich Kaiyamba geboren. Sie war die Tochter von König (unter britischer Herrschaft in Oberhäuptling umbenannt) Julius Gulama. Er war einer der Gründer der Sierra Leone People's Party, einer Partei, in der Ella Karriere machen sollte. Sie hatte zahlreiche Geschwister und verbrachte dennoch viel Zeit mit ihrem Vater; dabei lernte sie das Königreich und das traditionelle politische System kennen. Ella war oft an seiner Seite, wenn er Streitigkeiten zwischen seinen Untertanen schlichtete. Nach dem sehr erfolgreichen Schulabschluss besuchte sie ein Lehrerseminar für Frauen, was für eine junge Frau und insbesondere für eine Königstochter sehr ungewöhnlich war. Nach Abschluss ihres Studiums wurde sie zur leitenden Lehrerin der Südprovinz ernannt und war damit die erste Frau in dieser Position.

Im Jahr 1946 wurde Ella mit König Bai Koblo Pathbana II. aus dem Distrikt Port Loko verheiratet, eine Heirat, die ihr Vater als Brückenschlag zwischen den Regionen ansah. Ihr fiel es schwer, sich in das Leben als eine von mehreren Ehefrauen einzugewöhnen, sodass sie irgendwann heimlich floh und nach Hause zurückkehrte. Nach Gesprächen kehrte sie jedoch zu ihrem Mann zurück und fand eine Rolle für sich, indem sie ihn zu politischen Treffen und Konferenzen begleitete. Als Ella Gulamas Vater 1951 starb, bewarben sich 16 Kandidaten um sein Amt, darunter Ella als einzige Frau. Bei der Wahl durch die Stammesvertreter erhielt sie über 60 Prozent der Stimmen, aber im Königreich Kaiyamba hatte es noch nie eine Herrscherin gegeben, und die Kritiker verhinderten ihre Amtsübernahme. Gulama wandte sich in dieser Angelegenheit an das britische Unterhaus, dessen Mitglieder ihrer Wahl zustimmten. Dennoch wurde sie gezwungen, einen weiteren Wahlgang zu akzeptieren. Zwei Jahre nach dem Tod ihres Vaters gewann sie die Wahl mit 74 Prozent der Stimmen. Madam Ella, wie sie genannt wurde, war die erste Königin von Kaiyamba.

1957 wurden bei den Wahlen zum Repräsentantenhaus in Freetown, der Hauptstadt von Sierra Leone, erstmals auch Sitze für Oberhäuptlinge vergeben, und Gulama meldete ihre Kandidatur an, »um zum Aufbau der Nation beizutragen und meinem Volk zu zeigen, dass Frauen Seite an Seite mit den Männern ihren Platz einnehmen können«. Sie gewann die Wahl und war fünf Jahre lang die einzige Frau im Parlament. 1961 erlangte Sierra Leone seine Unabhängigkeit von Großbritannien und das Parlament wurde zu einem echten Repräsentativorgan. Ella Gulama wurde wiedergewählt und 1963 zur Kabinettsministerin in der Regierung von Sir Milton Margai, dem ersten Premierminister von Sierra Leone, ernannt.

Als der Premierminister starb und sein Halbbruder an seine Stelle trat, unterstützte Ella ihn und verteidigte 1967 ihren Parlamentssitz. Auf die Wahlen folgte jedoch politische Instabilität, die das ganze Land erfasste und zu einer Reihe von Militärputschen führte, die eine 30-jährige Herrschaft des All People's Congress, der Oppositionspartei, zur Folge hatten. Diese setzte die Verfassung außer Kraft und löste das Parlament auf. Ella Gulama wurde wegen Hochverrats angeklagt, verbrachte längere Zeit im Gefängnis und wurde als Königin abgesetzt. Sie arbeitete einige Zeit für die United Methodist Church und übernahm den Vorsitz der Nationalen Frauenorganisation. Im Jahr 1992 wurde die Regierung gestürzt, und Ella konnte sich erneut zur Wahl als Königin stellen. Sie erhielt eine große Mehrheit und war tief gerührt, als ihr die Amtsinsignien überreicht wurden. Sie starb im Jahr 2006 im Königreich Kaiyamba.

Birtukan Mideksa

ÄTHIOPIEN

Birtukan Mideksa trat 2008 als erste Frau an die Spitze einer großen politischen Partei in Äthiopien.

Birtukan Mideksa sagt von sich, dass ihre Kindheit von materiellen Nöten geprägt war, es ihr jedoch nie an Liebe mangelte. Sie wurde 1974 in einem kleinen Dorf am Rand der äthiopischen Hauptstadt Addis Abeba geboren. Ihre Mutter kümmerte sich um die Familie; ihr Vater war ehemaliger Soldat gewesen, aber schon Rentner, als Birtukan geboren wurde. Sie interessierte sich schon in jungen Jahren für Fragen der Gerechtigkeit, wusste aber, dass die Rechtswissenschaft eine ungewöhnliche Berufswahl für Frauen war: »Es gab eine Richterin am Obersten Gerichtshof des Landes. Sie war die Einzige auf der Richterbank, als ich eine Fernsehsendung sah. Mich begeisterte daran, welche herausragende Stellung sie einnahm.«

Nach dem Abitur studierte Birtukan (in Äthiopien ist das Ansprechen mit dem Nachnamen nicht üblich) Jura an der Universität Addis Abeba und bewarb sich am Bundesgerichtshof, wo sie als Gerichtsschreiberin arbeitete, bevor sie als Richterin an den Federal First Instance Court berufen wurde. Mit 26 Jahren kandidierte sie für das Parlament; sie wurde zwar nicht gewählt, sammelte aber wertvolle Erfahrung, die ihr die Sorgen und Bedürfnisse der Menschen in ihrer Gemeinde näherbrachte. Im Jahr 2002 führte Birtukan den Vorsitz in dem viel beachteten Fall des ehemaligen Verteidigungsministers Siye Abraha, der nach einem Zerwürfnis mit Präsident Meles Zenawi der Korruption beschuldigt wurde. Sie ließ Siye gegen Kaution frei, doch Minuten später wurde er von den Regierungsbehörden erneut verhaftet, als er das Gericht verließ. Mehrmals geriet Birtukan bei ihrem Versuch, die Unabhängigkeit der Justiz zu wahren, in direkten Konflikt mit der Regierung, was sie schließlich zum Rücktritt veranlasste.

Im Jahr 2005 war sie Mitbegründerin der oppositionellen Koalition für Einheit und Demokratie (CUD). Diese entstand, um bei den anstehenden Wahlen eine geschlossene Front gegen die regierende Revolutionäre

Demokratische Front der Äthiopischen Völker (EPRDF) zu bilden. Die Hoffnungen waren groß, dass Äthiopien von einer weitgehenden Einparteienherrschaft zu einer Mehrparteiendemokratie übergehen könnte. Als die EPRDF die Macht an sich riss und Demonstranten auf die Straße gingen, sprach die CUD jedoch von Unterdrückung und Wahlfälschung. Bei den anschließenden Ausschreitungen tötete die äthiopische Polizei 193 Demonstranten. Birtukan gehörte zu den Tausenden von Menschen, die festgenommen wurden. Sie wurde des Hochverrats beschuldigt und zu lebenslanger Haft verurteilt, wobei sie eine Tochter zurückließ, die von ihrer älteren Mutter versorgt werden musste.

Nach 18 Monaten wurde Birtukan begnadigt. Nach dem Verbot ihrer Partei machte sie sich daran, eine neue Koalition zu schmieden, und wurde zu deren Vorsitzender gewählt, obwohl ihre Mutter ihr geraten hatte, ins Exil zu gehen. Nachdem sie auf einer Europareise die Umstände ihrer Begnadigung erörtert hatte, wurde sie erneut verhaftet und verbrachte weitere 21 Monate in Haft, davon zwei Monate in Einzelhaft ohne Besuchsmöglichkeit, auch nicht für ihre Tochter. Birtukans Inhaftierung wurde international verurteilt, und sie wurde 2010 freigelassen und ging ins Exil in die USA. Zur Rolle der äthiopischen Frauen in der politischen Opposition sagte sie: »Es gibt auf allen Ebenen sehr starke Frauen, die es wagen, sich zu widersetzen, und die ihr Leben für dieses edle Ziel zu geben bereit sind, aber wir erkennen nicht jene Beteiligung von Frauen an der politischen Führung und die politische Teilhabe, wie wir sie brauchen.«

Die Wahl des Reformers Abiy Ahmed zum Premierminister im Jahr 2018 ebnete Birtukan den Weg zur Rückkehr in ihre Heimat. Er empfahl sie als Vorsitzende des Nationalen Wahlausschusses von Äthiopien, um die Wahlen im Jahr 2021 zu beaufsichtigen. Abiy sagte, sie sei die richtige Person für diese Aufgabe, weil sie »niemals einknicken würde, auch nicht vor der Regierung«. Die Wahlen verliefen friedlich, und obwohl ihre Legitimität teilweise angezweifelt wurde, berief sich Birtukan darauf, dass der Wahlvorstand die ersten »glaubwürdigen Wahlen« in Äthiopien durchgeführt habe.

Jadranka Kosor

KROATIEN

Jadranka Kosor war 2009 die erste kroatische Premierministerin.

In ihrer 2020 erschienenen Autobiografie verriet Jadranka Kosor Details über ihre Kindheit, ihre Vorliebe für Volkstänze und unbeschwerte Fahrradausflüge mit ihrer Mutter, aber sie beschrieb auch die Auswirkungen männlicher Gewalt in ihrem Leben. Sie wurde 1953 in Pakrac im Osten Kroatiens geboren. Die Ehe ihrer Eltern verlief konfliktreich, und ihre Mutter, eine Lehrerin, trug oft Overalls in der Schule, weil ihr Mann eifersüchtig und gewalttätig war und seiner Frau nicht erlaubte, ein Kleid zu tragen. Jadrankas Eltern ließen sich scheiden, als sie zwei Jahre alt war, und sie lebte bei ihrer Großmutter, während ihre Mutter arbeitete. Die spätere Journalistin und Politikerin betont, wie viel sie von ihrer Großmutter lernte, und beschreibt, wie sie im Geist der Unabhängigkeit erzogen wurde. Bereits im Alter von vier Jahren wusch Jadranka selbst ihre Wäsche und kochte. Ihre Mutter ließ sich mit einem anderen Mann ein, der sie körperlich misshandelte und auch versuchte, Jadranka sexuell zu belästigen, als sie 15 Jahre alt war. »Ich habe ihn rausgeschmissen«, sagt sie und erinnert sich, dass sie von ihrer Großmutter unterstützt wurde, die ebenfalls Gewalt durch ihren Mann erlitten hatte.

Ungeachtet ihrer wenig erfreulichen Lebenssituation schloss Jadranka Kosor die Schule mit großem Erfolg ab. Sie liebte Musik und schrieb gerne; mit 18 Jahren veröffentlichte sie einen Gedichtband mit dem Titel *Koraci* (*Schritte*). Sie studierte Jura an der Universität Zagreb und arbeitete zeitweise für Radio Zagreb und später als Journalistin bei *Večernji list*, einer kroatischen Tageszeitung. Als Kroatien 1991 seine Unabhängigkeit von Jugoslawien erklärte (einem nach dem Zweiten Weltkrieg gegründeten Staatenbund aus sechs sozialistischen Republiken), wurden durch die brutalen Kriege, die dem Zerfall des Landes folgten, Hunderttausende von Menschen vertrieben. Kosor wurde als Moderatorin einer Radiosendung

bekannt, die über die Flüchtlingsproblematik und die Traumata verletzter Kriegsheimkehrer informierte.

Zu diesem Zeitpunkt war in Kroatien der Übergang vom Ein- zum Mehrparteiensystem im Gange. Im Jahr 1989 trat Kosor der Mitte-Rechts-Partei Kroatische Demokratische Union (HDZ) bei und stieg schnell in der Hierarchie auf. Bei den ersten demokratischen Wahlen 1990 wurde Dr. Franjo Tuđman von der HDZ zum Präsidenten gewählt. Das neue Wahlsystem begünstigte die Wahl von Männern, und angesichts des gesunkenen Frauenanteils im Parlament drängte Tuđman Jadranka Kosor zu einer Kandidatur. Im Jahr 1995 wurde sie ins Parlament gewählt und stellvertretende Parteivorsitzende. Die HDZ gründete eine Frauenvereinigung mit Kosor an der Spitze, und es gilt als ihr Verdienst, dass sich die Zahl der Kandidatinnen bei den Wahlen 2000 verdoppelte.

Im Jahr 2003 wurde Jadranka Kosor Ministerin für Familie, Kriegsveteranen und Solidarität zwischen den Generationen. Als Premierminister Ivo Sanader 2009 unerwartet zurücktrat, schlug er sie als seine Nachfolgerin vor. Kosor erbte ein Land mit schweren wirtschaftlichen Problemen und einem Grenzkonflikt mit Slowenien. Sie versprach, sich dem Aufschwung zu widmen und den Beitritt Kroatiens in die Europäische Union voranzutreiben. Sie ging entschieden gegen Korruption vor und entfernte verdächtige Politiker auch aus ihrer eigenen Partei. Im Jahr 2011 unterzeichnete sie in Brüssel den Beitrittsvertrag und löste damit ihr Versprechen ein, Kroatien in die EU zu bringen.

Jadranka Kosor verlor die Wahlen 2011 und anschließend die Führung ihrer Partei; schließlich wurde sie aus der HDZ ausgeschlossen, weil sie deren Abdriften nach rechts kritisiert hatte. Kosor erhielt wenig Unterstützung von ihren Kollegen. Trotzdem blickt sie nicht unzufrieden auf ihre Karriere zurück: »Ich verliebte mich in diesen Job, war lange Zeit Parteimitglied und lernte dort viele großartige Leute kennen. Dort habe ich so etwas wie eine Familie gefunden.«

Isabel Ursula Teshea

TRINIDAD UND TOBAGO

1961 wurde Isabel Ursula Teshea als erste Frau ins Repräsentantenhaus von Trinidad und Tobago gewählt und 1963 war sie die erste Ministerin ihres Landes.

Isabel Ursula Cadogan wurde 1911 in San Fernando geboren. Bescheiden und charmant sei sie gewesen und habe schon in jungen Jahren Führungsqualitäten bewiesen. Nach ihrer eigenen Grundschulausbildung wurde sie »pupil-teacher«. Damals gab es kaum Zugang zu weiterführenden Schulen, und das »Schülerlehrer«-System ermöglichte es ihr, als Lehrling in eine Karriere einzusteigen, während Frauen sonst hauptsächlich im Haushalt arbeiteten. Als Jugendliche begann Isabel ihr lebenslanges Engagement in der Gemeinde- und Sozialarbeit, indem sie Konzerte, Tänze und Debatten organisierte und in ihrer Kirchengemeinde Menschen in Not unterstützte.

Anschließend arbeitete sie als Büroangestellte auf einer Zuckerplantage und zog schließlich in die Hauptstadt von Trinidad und Tobago, Port of Spain, um in der Lagerverwaltung eines Unternehmens zu arbeiten. 1938 heiratete sie Roy Teshea, aber die Ehe hielt nicht lange, was in einer intoleranten Gesellschaft, die arbeitende Frauen ablehnte, kaum überraschend ist. Isabel Ursula Teshea bildete sich weiter und schrieb sich an der Universität von Puerto Rico ein, um als Pädagogin Bildungs- und Gemeinwesenarbeit zu studieren.

Teshea war bereits früh Mitglied im People's National Movement (PNM), jener Partei, die den Inselstaat nach über 150 Jahren britischer Kolonialherrschaft in die Unabhängigkeit führte. Sie organisierte zahlreiche Frauengruppen und war Gründungsmitglied und Vorsitzende der Frauenliga in der PNM. Ihr Organisationstalent und ihr Netzwerk spielten eine Schlüsselrolle beim Wahlsieg der PNM, da die weiblichen Mitglieder von Tür zu Tür gingen und für die Partei warben. Teshea wurde immer bekannter und stieg als erste Frau 1956 zur stellvertretenden Vorsitzenden der PNM auf.

Auf dem Weg zur vollständigen Unabhängigkeit des Landes wurden ein Repräsentantenhaus und ein Senat geschaffen, und 1961 fanden Wahlen statt. Isabel Teshea kandidierte für den Bezirk Port of Spain East und gewann mit 7000 Stimmen Vorsprung auf ihre Konkurrenten. Sie wurde Parlamentarische Staatssekretärin des Ministers für Kommunalverwaltung und Gemeindeentwicklung und stieg anschließend zur Ministerin für Gesundheit und Wohnungsbau auf.

1970 wurde Teshea zur Botschafterin in Äthiopien und 1974 zur Hochkommissarin in Guyana ernannt, ein Amt, das sie bis zu ihrer Pensionierung im Jahr 1977 ausübte, als sie sich still und leise aus dem öffentlichen Leben zurückzog. 1981 erhielt sie das Trinity Cross, die höchste Auszeichnung ihres Landes für Verdienste im öffentlichen Dienst – eine posthume Auszeichnung, weil sie in jenem Jahr im Alter von 69 Jahren verstorben war.

Golda Meir

ISRAEL

1969 wurde Golda Meir zur ersten Premierministerin von Israel gewählt.

Golda Meir wuchs in Armut und unter ständiger Bedrohung auf. Sie wurde 1898 als Goldie Mabowitz in Kiew in der Ukraine geboren und gehörte mit ihrer Familie zu den zwei Millionen Juden, die vor den Pogromen im Russischen Reich flohen, bei denen zahllose Menschen getötet wurden. Die Angst vor antisemitischer Gewalt in ihrer Kindheit hat ihr Lebenswerk stark beeinflusst. Die Familie wanderte nach Milwaukee in den USA aus, und als Teenager schloss sich Golda der zionistischen Arbeiterbewegung an, die den Sozialismus mit der internationalen Bewegung für die Errichtung eines jüdischen Nationalstaats verband. Ihre Schwester Shana hatte in der Ukraine ihr Leben riskiert, um an den Versammlungen der zionistischen Arbeiterbewegung teilzunehmen, und nun beeinflussten deren radikale Freunde Goldas politische Meinungsbildung. Gegen die Einwände ihrer Eltern, die der Meinung waren, dass Mädchen lieber heiraten als einen Beruf ergreifen sollten, machte Golda eine Ausbildung als Lehrerin.

Golda heiratete 1917 Morris Meyerson (später änderte sie ihren Namen in Meir) unter der Bedingung, dass sie nach Palästina auswandern und in einem Kibbuz leben würden. Sie schlossen sich dem Kibbuz Merchavia an, in dem die Bewohner alles teilten und als Kollektiv arbeiteten. Während Golda gut zurechtkam, wurde ihr Mann krank und wollte keine Kinder, es sei denn in einem konventionellen Familienverband. Sie zogen nach Jerusalem und bekamen zwei Kinder, lebten aber in Armut. Zu dieser Zeit wurde Golda Meir eine Stelle als Sekretärin des Rates der Arbeiterinnen bei der Histadrut (dem Gewerkschaftsbund) angeboten. Sie wusste, dass ihr Mann dies nicht gutheißen würde, und zog dennoch mit ihren Kindern nach Tel Aviv, was das Ende ihrer Ehe bedeutete. Die Erziehung ihrer Kinder bereitete ihr Sorgen, aber sie war überzeugt: »Es gibt einen Typ Frau, der nicht zulassen kann, dass Mann und Kinder ihren Horizont einschränken.«

Meir stieg in den Reihen der Histadrut auf und wurde Teil des Führungszirkels. Während des Zweiten Weltkriegs bekleidete sie Schlüsselpositionen in der Zionistischen Weltorganisation sowie der politischen Abteilung der Jewish Agency und unterstützte 1948 die Unabhängigkeitserklärung Israels. Die arabischen Staaten lehnten die Erklärung ab; wenige Tage später standen fünf arabische Armeen an den neu gezogenen Grenzen. Meir verkleidete sich als Muslima und reiste zu einem geheimen Treffen mit König Abdullah nach Jordanien, um einen Krieg zu vermeiden.

Als Arbeitsministerin der neuen Regierung sorgte Meir für die Bereitstellung von Sozialwohnungen für Einwanderer und deren Eingliederung in die Arbeitswelt, während Palästinenser während ihrer Amtszeit aus ihren Häusern vertrieben wurden. Als Außenministerin initiierte sie das historisch erfolgreiche Bündnis Israels mit den USA.

Nach dem Tod von Premierminister Levi Eshkol im Jahr 1969 wurde Golda Meir trotz ihres schlechten Gesundheitszustands und ihres bereits mehrjährigen Ruhestands als »Konsenskandidatin« für das Amt der Premierministerin aufgestellt und führte eine Koalition zum Sieg. Kurz nach ihrem Amtsantritt endete der anhaltende Abnutzungskrieg mit Ägypten entlang des Sueskanals mit einem Waffenstillstandsabkommen und einer Friedensperiode. Nach dem Jom-Kippur-Krieg wurde Meirs Regierung jedoch mangelnde Wachsamkeit und Unterschätzung des Feindes vorgeworfen, weswegen sie 1974 zurücktrat.

Erst bei Golda Meirs Tod 1978 wurde bekannt, dass sie seit zwölf Jahren an Blutkrebs litt. Ihr Vermächtnis ist das einer kompromisslosen Staatsfrau, die eine zentrale Rolle bei der Weichenstellung für einen sicheren israelischen Staat spielte. Sie gehört auch weiterhin zu den auffälligsten Frauenpersönlichkeiten in der internationalen Politik des 20. Jahrhunderts.

Jeannette Rankin

USA

1916 wurde Jeannette Rankin als erste Frau in den US-Kongress gewählt.

Die Wahl von Jeannette Rankin ins Repräsentantenhaus wurde von der Presse eher als Kuriosität betrachtet. Die *Journal Gazette* aus Fort Wayne, Indiana, beschrieb sie als »ein grauäugiges, schlankes Mädchen mit dem Enthusiasmus eines Eiferers, der Naivität eines Kinds und der Kraft und dem Feuer eines Rennpferds«. Anders als die Herren von der Presse hatte die 1880 geborene Jeannette seit ihrer Kindheit erlebt, wie Frauen und Männer relativ gleichberechtigt zusammenarbeiteten: Sie lernte auf der erfolgreichen Ranch ihrer Familie in der Nähe von Missoula im Bundesstaat Montana, wie man Gebäude errichtet, Maschinen wartet und Arbeiten im Haushalt erledigt. Nach dem Highschoolabschluss studierte Jeannette Biologie an der Universität, als ein Studium für Frauen noch außergewöhnlich war. Der Anblick der Slums von Boston veranlasste sie, in einem Gemeinschaftshaus für arme Frauen und Kinder zu arbeiten und anschließend Sozialarbeit zu studieren. Während ihres Studiums an der University of Washington beteiligte sie sich an der Kampagne für das Frauenwahlrecht und wurde Organisatorin der New York Women's Suffrage Party.

Im Jahr 1911 begann Jeannette Rankins politische Karriere, als sie nach Montana zurückkehrte und sich als erste Frau vor der Legislative des Bundesstaats für das Frauenwahlrecht einsetzte. In den folgenden Jahren reiste sie viel und führte die Kampagne an, und 1914 stimmte die Bevölkerung in einem Referendum für das Frauenwahlrecht in Montana. In der Folge erklärte Rankin ihre Kandidatur für einen der beiden Sitze des Staates im Kongress im Jahr 1916 und kandidierte als Republikanerin mit den Themen allgemeines Wahlrecht, Kinderfürsorge und Neutralität im Ersten Weltkrieg. Zu diesem Zeitpunkt hatte die Mehrheit der Frauen in den USA noch immer kein Wahlrecht. Wie viele politische Pionierinnen spürte Rankin die Last ihrer Vorreiterrolle und sagte: »Ich bin mir der Verantwortung zutiefst bewusst. Ich werde nicht nur die Frauen von Montana vertreten, sondern auch die Frauen des Landes, und ich habe viel Arbeit vor mir.«

Gleich an ihrem ersten Tag im Repräsentantenhaus brachte sie einen Gesetzentwurf ein, der das Frauenwahlrecht in der US-Verfassung verankerte und der später als 19. Amendment bekannt wurde. Dieser wurde schließlich 1920 verabschiedet, aber vielen Frauen, insbesondere schwarzen, wurde noch viele Jahre die Teilnahme an Wahlen verweigert.

Bei ihrem Einzug in den Kongress gehörte Rankin zur Minderheit, die gegen eine Resolution zur Kriegserklärung an Deutschland stimmte. Teile der Wahlrechtsbewegung distanzierten sich von ihr, sodass sie schließlich bei der nächsten Wahl von den Republikanern nicht wieder nominiert wurde. Sie beschloss, als unabhängige Kandidatin anzutreten, verlor jedoch.

Jeannette Rankin kehrte in die Sozialarbeit zurück und setzte sich für die Sozialgesetzgebung und den Pazifismus ein. Im Vorfeld des Zweiten Weltkriegs kehrte sie in die Politik zurück und wurde 1940 erneut ins Repräsentantenhaus gewählt, in dem es nun sechs weitere Frauen gab. Nach dem Angriff auf den US-Marinestützpunkt Pearl Harbor in Hawaii 1941 stimmte sie als einzige Kongressabgeordnete gegen die Kriegserklärung an Japan. Die Geschichte schien sich zu wiederholen, denn wieder richtete sich die öffentliche Meinung gegen Rankin, aber sie blieb trotzig und erklärte: »Ich habe aus Überzeugung abgestimmt und meine Wahlversprechen eingelöst.«

Sie gab ihre Antikriegshaltung nie auf und führte 1968 einen Protestmarsch von 5000 Frauen gegen den Vietnamkrieg nach Washington an. Sie starb 1973 kurz vor ihrem 93. Geburtstag.

PEACE

Gro Harlem Brundtland

NORWEGEN

Im Jahr 1981 wurde Gro Harlem Brundtland zur ersten norwegischen Ministerpräsidentin gewählt.

In ihrer Familie wurden Jungen und Mädchen gleich behandelt, »was nicht üblich war«, und Gro Harlem wuchs mit der Selbstverständlichkeit auf, dass Gleichheit, soziale Gerechtigkeit und Dienst an der Gesellschaft zu ihrem Lebensweg gehörten. Sie wurde 1939 in Bærum nahe Oslo als Tochter von tief in der Arbeiterbewegung verwurzelten Eltern geboren. Ihr Vater war Medizinprofessor und wurde später Minister, während ihre Mutter im Fraktionssekretariat der Arbeiderpartiet arbeitete. Gro war seit ihrem siebten Lebensjahr in die Parteiarbeit eingebunden.

Ab 1963 studierte sie an der Universität Oslo Medizin, lernte während ihrer Ausbildung den Politologen Arne Olav Brundtland kennen und heiratete ihn. Beide studierten anschließend an der Harvard University in den USA, wo Gro Harlem Brundtland einen Master-Abschluss im Fach Public Health erwarb und dann nach Oslo zurückkehrte, um als Gesundheitsbeauftragte zu arbeiten. Zu diesem Zeitpunkt hatte sie sich bereits aus der organisierten Politik zurückgezogen und konzentrierte ihre Bemühungen auf das Thema Abtreibung, das in der Öffentlichkeit intensiv diskutiert wurde. Es war ihre entschiedene Haltung zu diesem Thema, die sie in der Öffentlichkeit als führende Verfechterin des Rechts der Frauen auf Wahlfreiheit bekannt machte. Premierminister Trygve Bratteli bat um ein Gespräch mit ihr, nachdem er ihre Artikel in der Presse gelesen hatte. Der Vorschlag, in die Regierung einzutreten, habe sie regelrecht schockiert, weil er nicht zu ihrer Lebensplanung passte. Der Premierminister berief sie als Umweltministerin, nicht als Gesundheitsministerin, was naheliegender gewesen wäre. Sie habe schnell erkannt, dass Umweltpolitik auch Gesundheitspolitik sei, und machte die Umweltentwicklung zu einem Eckpfeiler ihrer Karriere.

Gro Harlem Brundtland wurde 1975 die erste stellvertretende Vorsitzende der Arbeiterpartei und 1977 in das Storting (Parlament) gewählt. Als

Ministerpräsident Odvar Nordli (Arbeiterpartei) 1981 aus gesundheitlichen Gründen zurücktrat, wurde Harlem Brundtland vom Zentralkomitee der Partei zu seiner Nachfolgerin bestimmt und war damit nicht nur die jüngste Person, sondern auch die erste Frau im Ministerpräsidentenamt von Norwegen. Ihre Regierung hielt nur neun Monate, weil die Partei die Wahlen im selben Jahr verlor. Erst 1986 wurde sie erneut Ministerpräsidentin. Sie blieb drei Jahre im Amt und wurde 1990 wiedergewählt, bis sie 1996 zurücktrat. In ihrer zweiten Amtszeit setzte Harlem Brundtland die erste »Frauenregierung« der Welt ein, in der acht von 18 Ministerien an Frauen gingen. Das Prinzip der 40-prozentigen Beteiligung von Frauen, das in einigen Parteien bereits existierte, wurde schließlich als freiwillige Zielsetzung von allen großen politischen Parteien Norwegens übernommen.

Zwischen ihren Amtszeiten als Regierungschefin übernahm Gro Harlem Brundtland den Vorsitz der World Commission on Environment and Development der Vereinten Nationen und veröffentlichte den Bericht *Our Common Future*. Dieser führte das Konzept der »nachhaltigen Entwicklung« in den politischen Sprachschatz ein; es besagt, dass Wirtschaftswachstum und soziale Entwicklung die gegenwärtigen Bedürfnisse befriedigen, aber die Fähigkeit künftiger Generationen, ihre eigenen Bedürfnisse zu befriedigen, nicht gefährden dürfen. Zugunsten dieser Nachkommen forderte sie die Welt auf, »auf die Stimme der ungeborenen Generationen zu hören und die Erde zu dem gastfreundlichen Ort zu machen, den jeder Mensch verdient«. 1998 wurde sie Generaldirektorin der Weltgesundheitsorganisation und befasste sich mit den weltweiten Pandemien HIV und SARS. Gro Harlem Brundtland ist Gründungsmitglied von The Elders, einer Gruppe führender Persönlichkeiten aus aller Welt, die ursprünglich von Nelson Mandela einberufen wurde, um ihr unabhängiges Fachwissen in den Dienst von Frieden, Gerechtigkeit und Menschenrechten zu stellen.

Maria de Lourdes Pintasilgo

PORTUGAL

1979 war Maria de Lourdes Pintasilgo kurzzeitig die erste Ministerpräsidentin von Portugal.

Jahrzehntelang kannte Maria de Lourdes Pintasilgo keinen anderen Staatschef als António de Oliveira Salazar, der Portugal 36 Jahre lang diktatorisch regierte. Maria wurde 1930 geboren, und ihr Vater verließ die Familie nicht lange nach ihrer Geburt. Ihre Mutter zog mit den Kindern nach Lissabon, wo Maria vielversprechende Anlagen zeigte. Die Mitgliedschaft in Salazars faschistischer Jugendorganisation war obligatorisch, und Maria zeichnete sich in der Mädchenabteilung aus und gewann zweimal den Nationalpreis.

An der Universität entschied sie sich für ein Ingenieurstudium der industriellen Chemie als eine von nur drei Frauen, die in diesem Studiengang eingeschrieben waren. Sie dachte politisch fortschrittlich, obwohl sie sich nie auf eine Partei festlegen wollte, und war auch stark religiös. In ihrem ersten Studienjahr schloss sie sich der Katholischen Hochschuljugend an, deren Vorsitzende sie später wurde, gefolgt von einer Tätigkeit als Präsidentin der katholischen Studentenorganisation.

Nach ihrem Abschluss wurde Pintasilgo die erste Ingenieurin in einem großen portugiesischen Zementkonzern. Sie stieg bis zur Chefingenieurin und dann zur Projektleiterin auf. Ihr Entschluss, das Unternehmen 1960 zu verlassen, beruhte auf ihrem Wunsch, den sozialen Wandel politisch zu begleiten. Sie war 1957 der Gralsbewegung beigetreten, einer internationalen christlichen Organisation, die in der Frauenbewegung einen Weg zu Frieden und Gerechtigkeit sah. Sie war Mitbegründerin des portugiesischen Flügels, gegen den sich die orthodoxen katholischen Kräfte im Land stark wehrten. Pintasilgos Bekanntheitsgrad als Sozialreformerin trug jedoch dazu bei, dass sie das erste weibliche Mitglied von Salazars Câmera Corporativa wurde, die die Diktatur in Entwicklungs- und Sozialfragen beriet und im ehemaligen Senatssaal tagte.

1968 verletzte sich Salazar am Kopf und fiel ins Koma. Die folgenden Jahre waren turbulent, da verschiedene Gruppierungen um die politische Macht kämpften, aber Pintasilgo arbeitete weiterhin in der Regierung an Frauen- und Sozialfragen und war Delegierte bei den Vereinten Nationen. Im Jahr 1974 stürzten linksgerichtete Militäroffiziere in der »Nelkenrevolution« das geschwächte autoritäre Regime und ebneten den Weg für den Übergang zur Demokratie.

Maria de Lourdes Pintasilgo wurde zur Staatssekretärin für Soziales in der provisorischen Regierung ernannt. 1976 fanden die ersten demokratischen Wahlen seit 50 Jahren statt. Präsident General António Ramalho Eanes wurde gewählt und von allen großen Parteien akzeptiert. 1979 bat er Pintasilgo, bis zu den Neuwahlen Ministerpräsidentin einer geschäftsführenden Regierung zu werden. Sie weigerte sich weiterhin, einer Partei beizutreten, um ihre Unabhängigkeit zu bewahren, was die konservativen Abgeordneten anlässlich ihrer Ernennung heftig kritisierten. »Sie werden mir nie verzeihen, dass ich es gewagt habe, ihre Welt zu betreten«, sagte sie einem Freund.

In den fünf Monaten, in denen Maria de Lourdes Pintasilgo ein reines Männerkabinett führte, versuchte sie, das kaum entwickelte Sozialsystem zu modernisieren, indem sie die Berechtigung zur Teilnahme an der Sozialversicherung ausweitete und in das Gesundheits- und Bildungswesen sowie in Arbeitsreformen investierte. Bei den Wahlen 1980 siegte ein Mitte-Rechts-Bündnis und sie trat zurück. 1986 kandidierte sie erfolglos als unabhängige Kandidatin für das Präsidentenamt, saß aber mit Unterstützung der Sozialistischen Partei von 1987 bis 1989 als Unabhängige im Europäischen Parlament. Pintasilgo genoss weiterhin internationales Ansehen, beriet führende Politiker und schrieb zahlreiche Bücher über Feminismus, Religion und Wirtschaft. Im Jahr 2001 gründete sie die Fundação Cuidar o Futuro (Stiftung »Kümmere dich um die Zukunft«), die Programme zur Verbesserung der Lebensqualität von Menschen unterstützt. Sie leitete die Stiftung bis zu ihrem Tod im Jahr 2004.

Laura Chinchilla

COSTA RICA

Im Jahr 2010 wurde Laura Chinchilla zur ersten Präsidentin von Costa Rica gewählt.

Unter den in letzter Zeit in aller Welt gewählten Frauen scheint Laura Chinchilla einen neuen Typus zu verkörpern – den einer Frau, die ihre Ausbildung gezielt auf öffentlichen Dienst und Politik ausrichtet. Chinchilla wurde 1959 in der costa-ricanischen Hauptstadt San José geboren. Ihr Vater war ein hoher Regierungsbeamter und diente in den 1970er- und 1980er-Jahren als Oberster Rechnungsprüfer.

Laura Chinchilla erwarb einen Abschluss in Politikwissenschaften an der Universität von Costa Rica und absolvierte anschließend einen Masterstudiengang in Washington, D.C., wobei sie sich auf institutionelle Reformen im Staat, der Justiz und der Polizei spezialisierte: »Am meisten hat meine Entscheidung, mich dem öffentlichen Dienst meines Lands zu widmen, beeinflusst, dass ich mit 20 während meines Studiums beschloss, unsere Nachbarländer zu bereisen, um die Bürgerkriege, die damals in der Region herrschten, aus erster Hand zu erleben. Was ich sah, hat mich tief verletzt und für immer geprägt. Die Brutalität, die Gewalt und die Trauer, die ich erlebt habe, werde ich nie vergessen. Deshalb beschloss ich, alles in meiner Macht Stehende zu tun, um zu verhindern, dass unser Land den Frieden und die Demokratie, die wir genießen, einbüßt.« In den 1980er- und 1990er-Jahren arbeitete sie als Beraterin für NGOs, schrieb und hielt als Expertin Vorträge über öffentliche Sicherheit und Menschenrechte.

Ihr erstes öffentliches Amt war das der stellvertretenden Ministerin für Justiz. Danach amtierte sie als Ministerin für öffentliche Sicherheit unter dem Mitte-Links-Präsidenten José María Figueres Olsen von der Partei der Nationalen Befreiung; sie war die erste Frau in diesem Amt. Zwischen 2002 und 2006 wurde sie in den Nationalkongress gewählt, wo sie den Vorsitz im Rechts- und im Drogenausschuss innehatte. Im Jahr 2006 wurde sie zur Vizepräsidentin gewählt wurde. Zwei Jahre später trat Chinchilla zurück,

um sich auf den Weg zur Präsidentschaft zu konzentrieren; sie galt als Schützling des scheidenden Staatschefs Óscar Arias Sánchez. Ihre Rivalen warfen ihr vor, eine Marionette des Präsidenten zu sein, und Frauengruppen kritisierten sie, weil sie sich nicht nachdrücklich für gleichgeschlechtliche Ehen und Abtreibung aussprach. Doch ihr zentristischer Sozialkonservatismus kam bei der Öffentlichkeit gut an, und sie gewann die Wahl mit 46,8 Prozent der Stimmen; das von ihr ernannte Kabinett hatte einen Frauenanteil von 39 Prozent.

Gleich an ihrem ersten Tag verbot Laura Chinchilla den Tagebau von Mineralien, setzte eine Kommission zur Bekämpfung von Drogen ein und schuf ein nationales Netz für die Altenpflege und die Entwicklung von Kleinkindern. Schwierige Herausforderungen stellten ein Grenzstreit mit Nicaragua, eine Steuerreform und Korruptionsvorwürfe dar. Sie war jedoch stolz auf ihre Erfolge bei der Senkung der Kriminalitätsrate, insbesondere bei Tötungsdelikten, häuslicher Gewalt und Femizid. Für ihre Arbeit im Umweltbereich erhielt Chinchilla internationale Auszeichnungen, und Costa Rica wird inzwischen als führend in der Umweltpolitik bewertet.

Laura Chinchilla schloss eine weitere Amtszeit im Jahr 2014 aus und widmete sich wieder der Arbeit in internationalen Organisationen. Im Rückblick auf ihre Präsidentschaft sagte sie: »Ich glaube, meine größte Leistung war es, die gläserne Decke in der Politik zu durchbrechen. Ich habe mehrere Schulen besucht und viele Mädchen getroffen, die mir sagten, dass auch sie eines Tages Präsidentin des Landes werden wollten. Meine Wahl zur Präsidentin hat sicherlich dazu beigetragen, einer ganz neuen Generation von Mädchen und jungen Frauen Mut zu geben.«

Iriaka Rātana

NEUSEELAND

1949 wurde Iriaka Rātana als erste Māori-Frau ins neuseeländische Parlament gewählt.

Iriaka Te Rio wurde 1905 am Whanganui River geboren, einem heiligen Ort für das Volk der Māori. Als sie im Teenageralter war, zog ihre Familie in die Rātana-Gemeinde, die Heimat der christlichen und politischen Rātana-Bewegung. Ihr Anführer war Tahupōtiki Wiremu Rātana, der sich zunehmend in der Politik engagierte. Die Gemeinde setzte sich aus Mitgliedern von Māori-Stämmen zusammen, die sich enteignet fühlten und die Organisation unterstützten, die Wiedergutmachung für Landraub und Verstöße gegen einen Vertrag forderte, der den Māori bestimmte Rechte garantierte.

Iriaka war eine begabte Musikerin und Darstellerin und spielte im Orchester, das Rātana auf seinen Tourneen durch das Land begleitete. 1925 heiratete sie ihn und wurde seine zweite Frau. Sie bekam zwei Kinder, von denen eines an Tuberkulose starb. Nach dem Tod ihres Mannes im Jahr 1939 heiratete sie Matiu Rātana, seinen Sohn aus erster Ehe. Zu diesem Zeitpunkt war sie eine der einflussreichsten Frauen in der Rātana-Bewegung, die sich zunehmend politisierte und sich mit der Arbeiterpartei des Landes verbündete.

Mit ihrem zweiten Ehemann bewirtschaftete sie im Rahmen eines Māori-Landentwicklungsprogramms einen Milchviehbetrieb, und sie bekamen sechs Kinder. Als ihr Mann 1945 für die Labour Party als Abgeordneter für den Wahlkreis Western Maori gewählt wurde, übernahm Iriaka den Hof, melkte mehr als 60 Kühe und kümmerte sich um ihre Familie mit kleinen Kindern.

1949 erlitt Matiu einen schweren Autounfall und starb mit gerade einmal 35 Jahren. Trotz ihrer Trauer, ihrer landwirtschaftlichen Aufgaben und einer fortgeschrittenen Schwangerschaft kündigte Iriaka ihre Absicht an, für den Sitz ihres Mannes zu kandidieren. Ihre Entscheidung stieß auf den

Widerstand einiger Māori, die es für falsch hielten, dass eine Frau den Wahlkreis vertrat. Te Puea Hērangi, ein Anführer des Volkes der Tainui, kritisierte Iriaka auf einer großen öffentlichen Versammlung und verurteilte die Idee, dass eine Frau »das Kanu der Tainui steuern« sollte. Doch Iriaka wurde als Kandidatin der Labour Party aufgestellt und gewann die Wahl mit einer komfortablen Mehrheit. In den Wochen danach brachte sie ein Kind zur Welt und zog ins Parlament ein. Sie sagte: »Als erste Frau, die die Māori im Parlament vertritt, möchte ich sie im ganzen Land und dazu ihre unterschiedlichen Bedürfnisse vertreten. Ich möchte die Hoffnungslosigkeit der Māori beenden, die in einer Abwärtsspirale aus Armut, Arbeitslosigkeit und fehlender Bildung gefangen sind. Ich glaube, dass diese Probleme durch eine fürsorgliche Abteilung für Māori-Angelegenheiten mit eigenen Wohlfahrtsbeauftragten und anderen spezialisierten Organisationen wie der Māori Women's Welfare League gelöst werden können.«

Nach ihrem Einzug ins Parlament widmete sie sich vor allem sozialen Themen wie der Unterbringung älterer Menschen und der Māori-Jugend in Städten, der Bildung und Ausbildung für Māori und der Erneuerung der Rātana-Gemeinde. Bei den Wahlen von 1957 erhielt Iriaka die größte Stimmenzahl im Land und wurde Beraterin von Premierminister Walter Nash. Iriaka gehörte dem Repräsentantenhaus 20 Jahre lang an. Sie hatte den Ruf, höflich und positiv zu sein, und wurde von beiden Seiten des Hauses respektiert. Erst 1967 zog eine weitere Māori-Frau ins Parlament ein.

Im Jahr 1969 gab sie ihre parlamentarische Arbeit auf und kehrte auf ihren Bauernhof zurück, trug ihre Gummistiefel und webte Korowai (Māori-Mäntel). Sie starb 1981 und hinterließ neun Kinder und zahlreiche Enkelkinder.

Marie Juchacz

DEUTSCHLAND

1919 gehörte Marie Juchacz zu den ersten 37 Frauen, die in die Weimarer Nationalversammlung gewählt wurden, und sie sprach als erste Frau vor einem deutschen Parlament.

Als Marie Juchacz vor der Weimarer Nationalversammlung das Wort ergriff, erklärte sie unumwunden: »Ich möchte hier feststellen und glaube damit im Einverständnis vieler zu sprechen, dass wir deutschen Frauen dieser Regierung nicht etwa in dem althergebrachten Sinne Dank schuldig sind. Was diese Regierung getan hat, das war eine Selbstverständlichkeit: sie hat den Frauen gegeben, was ihnen bis dahin zu Unrecht vorenthalten worden ist.« Erst drei Monate zuvor hatten die deutschen Frauen das Wahlrecht erhalten, wofür Juchacz sich unermüdlich eingesetzt hatte.

Geboren wurde sie 1879 in bescheidenen Verhältnissen. Sie konnte die örtliche Schule besuchen, musste sie aber mit 14 Jahren verlassen, um zu arbeiten, nachdem ihr Vater an einer Lungenentzündung erkrankt war. Sie verdingte sich als Dienstmädchen und dann Tag und Nacht in einer Fabrik, die Fischernetze herstellte: »Ich erinnere mich heute noch mit Grauen an die Qual dieser Nachtarbeit.« Diese frühen Erfahrungen in Verbindung mit dem Einfluss ihres Bruders, der sie mit politischen Büchern bekannt machte, förderten ihr lebenslanges Interesse an sozialen Fragen.

Sie fand eine Lehrstelle als Schneiderin und arbeitete bei dem Schneider Bernhard Juchacz, den sie 1903 heiratete. Sie bekamen zwei Kinder, aber die Ehe war unglücklich, und sie ließen sich zu einer Zeit scheiden, als dies mit einem gesellschaftlichen Stigma verbunden war. Sie zog mit ihren Kindern und ihrer jüngeren Schwester, Elisabeth Kirschmann-Röhl, und deren Kindern nach Berlin. Marie Juchacz war eine geschiedene Alleinerziehende und ihr Haushalt war für die damalige Zeit unkonventionell.

Nach der Aufhebung eines Gesetzes, das Frauen die Mitgliedschaft in politischen Parteien verbot, trat Juchacz der Sozialdemokratischen Partei bei und fand schnell Anerkennung als begabte Rednerin. Im Jahr 1913

erhielt sie eine Anstellung in der Partei und stieg zur Frauensekretärin im Bezirksvorstand Obere Rheinprovinz auf. Als Frauen das aktive und passive Wahlrecht erhielten, gehörten Marie Juchacz und ihre Schwester zu den ersten Frauen, die 1919 einen Sitz in der Weimarer Nationalversammlung errangen. Im Parlament setzte sich Marie für den Schutz von Müttern, für die Änderung des Rechtsstatus unehelicher Kinder, für eine Reform des Scheidungsgesetzes und für das Recht von Frauen ein, über die Familienplanung zu entscheiden.

Darüber hinaus gründete Juchacz im Auftrag der Partei die Arbeiterwohlfahrt (AWO). Die AWO hatte die Aufgabe, die durch den Ersten Weltkrieg vertriebenen und mittellosen Menschen, insbesondere Arbeiterfamilien, zu unterstützen, oft in Form von Selbsthilfe von und für Arbeiterinnen. Als Vorsitzende baute Marie eine bemerkenswerte Organisation mit Ausbildungsstätten für Sozialarbeiter, Kindergärten und Genesungsheimen auf. Als 1933 alle Einrichtungen und Heime der AWO von den Nationalsozialisten beschlagnahmt und in die NS-Volkswohlfahrt überführt wurden, betraf dies mehr als 1400 Beratungsstellen.

Die Nazis lösten alle politischen Parteien auf und verfolgten ihre Führung und die Mitglieder. Marie Juchacz floh und wanderte schließlich in die USA aus. Dort gründete sie die Arbeiterwohlfahrt USA – Hilfe für die Opfer des Nationalsozialismus, die nach dem Ende des Zweiten Weltkriegs Unterstützung in Form von Hilfspaketen für das zerstörte Deutschland leistete. 1949 kehrte Juchacz nach Deutschland zurück, um ihre soziale Arbeit fortzusetzen. Als sie 1956 als Ehrenvorsitzende der AWO starb, schrieb diese in einem Nachruf: »Ihr ganzes Leben stand im Dienst des Kampfes für eine bessere und gerechtere Welt.«

Jahanara Shahnawaz

INDIEN

Im Jahr 1937 war Jahanara Shahnawaz die erste parlamentarische Sekretärin in der Legislativversammlung des Punjab.

Jahanara Shahnawaz erwies sich schon früh als vielversprechende Sozialreformerin. Im Alter von neun Jahren schrieb sie ihren ersten Artikel, »A Female Education«, der in einer islamischen Wochenzeitschrift für Frauen veröffentlicht wurde. Sie wurde 1896 in Lahore in Nordindien als Tochter einer wohlhabenden Punjabi-Familie geboren. Sie besuchte die Schule, ermutigt von ihren Eltern; ihre Erziehung war von der Ablehnung der Parda durch ihre Mutter geprägt, die der städtischen Mittelschicht angehörte. Parda ist eine religiöse und soziale Praxis der weiblichen Abgeschiedenheit, entweder durch Absonderung im Haus oder durch die Verschleierung in der Öffentlichkeit. Jahanaras Vater war einer der Gründer der All-indischen Muslimliga und eine feste Größe in der Politik während der britischen Herrschaft über Indien.

Als sie 15 Jahre alt war, verheirateten Jahanaras Eltern sie mit Mian Muhammad Shahnawaz, dem Witwer einer Tante. Die junge Ehefrau besuchte das Queen Mary College in Lahore und schloss mit Unterstützung des Rektors ihr Studium nach der Geburt ihrer ersten Tochter im Jahr 1912 ab. Vier Jahre später veröffentlichte sie den Roman *Hasanara Begum*, in dem es um den Kampf einer jungen Frau geht, deren Haus und Besitz nach dem Tod ihrer Eltern von ihren Verwandten übernommen werden, weil Frauen kein Erbrecht zustand.

Im Jahr 1918 brachte Jahanara Shahnawaz die All-India Muslim Women's Conference erfolgreich dazu, eine Resolution gegen die Polygamie zu verabschieden, und 1927 setzte sie sich an vorderster Front erfolgreich für die Anhebung des gesetzlichen Mindestheiratsalters ein, das für Mädchen auf 14 und für Jungen auf 18 Jahre festgelegt wurde. 1930 beteiligte sie sich in London an einer Konferenz über die verfassungsmäßige Entwicklung Indiens. Sie setzte sich nachdrücklich für das Wahlrecht der

indischen Frauen und für reservierte Sitze für Frauen in der Legislative ein. Als der Government of India Act 1935 schließlich veröffentlicht wurde, erhielten fast 600 000 Frauen das Wahlrecht, und 1937 wurden 80 Frauen in die Provinzversammlungen gewählt. Jahanara Shahnawaz selbst wurde in die Legislativversammlung des Punjab gewählt und als parlamentarische Sekretärin für Bildung und öffentliche Gesundheit berufen.

Die indische Unabhängigkeitsbewegung trat nun in eine entscheidende Phase. Shahnawaz war Teil der Bewegung, die die Entkolonialisierung, aber auch die Gründung Pakistans anstrebte, um die politischen Interessen der indischen Muslime zu schützen. Die Wahlen von 1946 galten als Test für das Mandat der Muslimliga für Pakistan, und eine Mehrheit in der Legislative beschleunigte die Umsetzung der Forderungen ihrer Partei erheblich. Trotzdem bat der Gouverneur des Punjab die Unionisten, das Provinzministerium zu bilden, was zu einer Bewegung des zivilen Ungehorsams im Punjab führte, und Jahanara Shahnawaz wurde zusammen mit anderen Führern der Muslimliga verhaftet. Die anhaltende Agitation ebnete den Weg für den Teilungsplan und die Gründung Pakistans im August 1947.

Nach der Teilung war das Leid der Flüchtlingsfrauen und -kinder, die nach Pakistan kamen, groß, und Shahnawaz setzte sich für ihre Bedürfnisse ein. Im Jahr 1948 führte sie einen Protest von Tausenden von Frauen auf den Straßen von Lahore an und forderte bessere wirtschaftliche Rechte für Frauen. Mit der Verabschiedung des Zivilrechts Shariat wurde endlich das Recht der Frauen auf Erbschaft anerkannt – die Lösung für genau jene Ungerechtigkeit, unter der die Hauptfigur in Shahnawaz' Roman mehr als drei Jahrzehnte zuvor gelitten hatte, und wohl die größte Errungenschaft für die Frauen, um die sich Jahanara Shahnawaz verdient gemacht hat. Die Politikerin und Aktivistin starb 1979 im Alter von 83 Jahren.

Eugenia Charles

DOMINICA

Im Jahr 1980 wurde Eugenia Charles zur ersten Premierministerin von Dominica gewählt.

Mary Eugenia Charles wurde 1919 in Pointe Michel auf der Insel Dominica geboren, die damals unter britischer Kolonialherrschaft stand. Eugenias Großeltern waren Sklaven, und obwohl ihre Eltern aus bescheidenen bäuerlichen Verhältnissen stammten, verschaffte der Erfolg ihres Vaters als Fruchtexporteur und später als Bankier ihrer Familie einen Platz in der sogenannten »farbigen Bourgeoisie« in einer Gesellschaft, in der Klasse und Hautfarbe noch immer große Bedeutung hatten. Eugenia konnte die einzige weiterführende Klosterschule für Mädchen auf der Karibikinsel besuchen. Ihr Vater sei nie der »starke Mann« gewesen, für den die Öffentlichkeit ihn hielt, denn in Wirklichkeit sei ihre Mutter »die Chefin der Familie« gewesen und sie war nie zufrieden, wenn Eugenia nicht die Beste in ihrer Klasse war.

Während Eugenia beim örtlichen Amtsgericht Stenografie lernte, begann sie sich für das Rechtswesen zu interessieren und arbeitete anschließend als Assistentin eines Richters im Colonial Legal Service. Im Jahr 1947 zog sie nach Toronto, um die Universität zu besuchen, und absolvierte anschließend ein Jurastudium an der London School of Economics, das sie als Anwältin abschloss. 1949 kehrte Charles nach Dominica zurück, um ihre greisen Eltern zu unterstützen. Sie gründete eine erfolgreiche Anwaltskanzlei in Roseau und wurde die erste Frau im Land, die als Anwältin praktizierte und zur Anwaltskammer auf der Insel zugelassen wurde.

Eugenia Charles war fast 50, als sie ihre Karriere in der Politik begann. Zu diesem Zeitpunkt war die Insel bereits autonom verwaltet, aber noch nicht völlig unabhängig. Ende der 1960er-Jahre führte die dominicanische Regierung ein Gesetz ein, das abweichende Meinungen einschränkte. Charles gehörte zu denjenigen, die über die Einschränkung von Rechten wie Pressefreiheit und des Rechts, die Regierung zu kritisieren, besorgt

waren. Sie nannten das Gesetz »Shut Your Mouth Bill« (»Halt's-Maul-Gesetz«), und 1968 gründete sie mit anderen die neue Dominica Freedom Party (DFP), ein breites Bündnis von Oppositionspolitikern.

Eugenia zog 1970 in das House of Assembly, das Parlament von Dominica, ein und wurde nach den Parlamentswahlen 1975 Oppositionsführerin. Charles war weder verheiratet, noch hatte sie Kinder, weshalb sie häufig persönliche Angriffe von Regierungspolitikern erdulden musste. So wurde ihr beispielsweise vorgeworfen, dass sie kein Verständnis für die Lebensumstände von Frauen habe, weil sie nie den Schmerz einer Geburt erlitten habe. Nachdem sie darauf hingewiesen hatte, dass auch keiner der männlichen Abgeordneten diesen Schmerz verspürt habe, beschloss sie, solche Beschimpfungen zu ignorieren, und argumentierte, dass ihr dies sogar die Unterstützung von Frauen und Männern eingebracht habe, die diese Art von Politik nicht schätzten. Die DFP gewann 1980 die Wahlen und Eugenia wurde Premierministerin. Sie fungierte auch als Außenministerin und Finanz- und Entwicklungsministerin.

Man schreibt ihr das Verdienst zu, die politischen Turbulenzen in Dominica beruhigt, die Korruption in der Regierung bekämpft und die gesamte Insel mit Strom, Straßen und Wasser versorgt zu haben. Sie überlebte mehrere Putschversuche, unter anderem durch den ehemaligen Premierminister Patrick John. Sie sagte: »Wenn die Leute dich nicht an der Wahlurne erwischen können, versuchen sie es mit einer Kugel.« Sie erwarb sich den Ruf der Furchtlosigkeit, überstand zahlreiche Angriffe und absolvierte noch zwei weitere Amtszeiten als Premierministerin, ab 1985 und ab 1990. Schließlich fiel ihr umsichtiger Konservatismus in Ungnade und sie trat zurück, als ihre Partei 1995 die Wahlen verlor. Sie kehrte in ihre Anwaltskanzlei zurück und engagierte sich in der Wahlbeobachtungsorganisation des ehemaligen US-Präsidenten Jimmy Carter, dem Carter Centre, bis zu ihrem Tod 2005.

Dilma Rousseff

BRASILIEN

Im Jahr 2011 wurde Dilma Rousseff zur ersten Präsidentin Brasiliens gewählt.

Der Sturz von Dilma Rousseff liegt noch so kurz zurück, dass ihr Vermächtnis schwer zu beurteilen ist. Manche sagen, sie sei die erste Politikerin Brasiliens gewesen, die nicht korrumpierbar war, andere sagen, das sei wertlos, wenn sie von der Korruption gewusst habe. Geboren 1947 in Belo Horizonte in einer wohlhabenden Familie, bekannte sich Dilma in der Sekundarschule zum Sozialismus und wurde später Studentenführerin.

Nach einem Putsch der Streitkräfte im Jahr 1964 beteiligte sie sich an linken Guerillabewegungen gegen die Militärdiktatur. Sie lernte den Anwalt Carlos Araújo kennen und heiratete ihn, und beide wurden wegen ihrer Aktivitäten verhaftet. Dilma war drei Jahre lang inhaftiert und musste Schläge, Elektroschocks und andere Formen der Folter erdulden. Gemeinsam mit ihrem Mann gründete sie die Demokratische Arbeiterpartei, und mit dem Nachlassen der Diktatur wurde sie in der Kommunalpolitik aktiv. Nach ihrer Scheidung im Jahr 2001 wechselte sie zur Arbeiterpartei und unterstützte Luiz Inácio Lula da Silva als Präsident. Im Jahr 2002 ernannte Präsident Lula Dilma Rousseff zur Energieministerin, und nachdem er nicht mehr kandidieren konnte, unterstützte er sie als seine Nachfolgerin.

Bei den Präsidentschaftswahlen 2010 warb Rousseff mit dem Versprechen wirtschaftlicher Stabilität, dem Abbau der Ungleichheit und der Beseitigung der extremen Armut. Sie gewann mit 56 Prozent der Stimmen und unterzeichnete bei ihrem Amtsantritt ein bahnbrechendes Gesetz, das eine Wahrheitskommission einsetzte, die das Verschwinden von Personen und Menschenrechtsverletzungen während der Militärherrschaft untersuchen sollte.

Korruptionsvorwürfe gab es bereits im ersten Jahr ihrer Amtszeit. Fünf Minister des Kabinetts, allesamt Veteranen der Regierung Lula, traten zurück. Gleichzeitig lief ein politischer Korruptionsprozess wegen Bestechung von Mitgliedern der Abgeordnetenkammer, in den Lula verwickelt gewesen sein soll. Außerdem geriet die brasilianische Wirtschaft in eine Flaute, und 2014 stand die Fußballweltmeisterschaft an, gefolgt von den Olympischen Spielen 2016 in Rio, was die öffentlichen Finanzen erheblich belastete. Im ganzen Land kam es zu großen Demonstrationen und Rousseffs Popularität sank rapide.

Sie stand vor der großen Herausforderung, sich eine zweite Amtszeit zu sichern, aber sie schaffte es mit 51 Prozent der Stimmen im zweiten Wahlgang; die Skandale waren jedoch noch nicht vorbei. Es hieß, dass Schmiergelder in Milliardenhöhe vom staatlichen Ölgiganten Petrobras an private Baufirmen, Wirtschaftsführer und Politiker geflossen waren. Rousseff war als Energieministerin gleichzeitig Konzernvorsitzende. Eine Untersuchung sprach sie von Fehlverhalten frei, und selbst ihre Gegner erkannten ihren Status als ehrliche Politikerin an, aber viele Brasilianer bezweifelten, dass ihr die Korruption verborgen geblieben sein konnte. Neben dem Petrobras-Skandal wurden auch Vorwürfe laut, Dilma Rousseff habe den Missbrauch von staatlichen Bankgeldern zur Verschleierung von Haushaltsdefiziten geduldet.

Es kam zu einer Demonstrationswelle gegen die Regierung, die die Amtsenthebung von Rousseff forderte. Im brasilianischen Senat verteidigte sich Dilma während eines 14-stündigen Verhörs mit Nachdruck. Letztendlich stimmte der Senat für ihre Absetzung. Der rechtsextreme Politiker Jair Bolsonaro widmete sein Votum für die Amtsenthebung dem Oberst der Armee, der Rousseff einst gefoltert hatte.

Zu den Gründen für ihren Sturz sagte sie: »Die Tatsache, dass ich die erste Präsidentin war, spielte bei dem mit, was mir passiert ist. Das war nicht der Hauptgrund, aber einer der Gründe.« Optimistisch fügte sie hinzu: »Ich glaube, dass es für die nächste Präsidentin einfacher sein wird.«

ORDEM E

Danksagung

Mein aufrichtiger Dank gilt Joelle Owusu für den Auftrag, *Starke Frauen, starke Stimmen* zu schreiben. Sie verstand, dass dieses Buch für mich eine Schnittmenge all meiner Fähigkeiten und Interessen darstellt. Ein großes Dankeschön an DeAndra Lupu für ihre Unterstützung; ihre klare Kommunikation steuert jemanden mit einer kurzen Aufmerksamkeitsspanne wie mich ruhig durch den Redaktionsprozess. Ein weiterer Dank geht an das Team von Unbound, einschließlich Katy Guest, Cassie Waters und Georgia Odd, die dieses Buch Wirklichkeit werden ließen.

Ein großes Lob gebührt Emmy Lupin für ihre lebendigen Illustrationen, die meine Texte auf moderne und zugängliche Weise zum Leben erwecken. Vielen Dank, Emmy! Danke auch an Mark Ecob für sein Design, das mir ein positives Gefühl von Politik vermittelt – wohl keine unbeträchtliche Leistung. Danke, Patty Rennie, für deine Textgestaltung.

Danke an Simon Auckland für die großzügige Unterstützung, eigentlich verdient er eine Nennung auf dem Umschlag. Seine spontane Entscheidung, zu helfen, kommt anderen zugute, danke! Danke auch an Stefan Cross, der sich für Gleichberechtigung einsetzt und den Tweet einer Unbekannten auf sich wirken ließ. Danke an Laura Yates von Clifford Chance, die eine großartige Verbündete ist. Ich bin außerdem stolz darauf, in einem Atemzug mit einer Organisation genannt zu werden, die sich für Anstand in der Politik einsetzt, wo wir ihn mehr denn je brauchen. Ich hoffe, Jo Cox hätte dieses Buch gefallen.

Ich bin meinen Freunden, Familienangehörigen, Kollegen, aber auch Fremden im Internet, die dieses Buch unterstützt haben, für immer dankbar. Das Spendensammeln liegt weit außerhalb meiner Komfortzone, und jedes Mal, wenn jemand seine Unterstützung für das Buch zusagte, half mir dies, weiterzumachen. Der größte Dank geht an meinen Partner James, der mich bei all meinen vielen Nebenprojekten unterstützt, indem er ein gleichberechtigter Partner im Haus und unserem Leben ist. Danke, Jamma. Danke, Josie und Clem, dass ihr so fabelhaft seid und der Grund dafür, dass ich für mich selbst ehrgeizig bin – ich hoffe, es ebnet euch den Weg, für euch selbst ehrgeizig zu sein.

Über die Autorin

Ros Ball wurde in Bedfordshire geboren und studierte am Goldsmiths College in London. Sie berichtete viele Jahre als BBC-Journalistin aus dem Parlament in Westminster, insbesondere über historische Themen. 2017 veröffentlichte sie ihr erstes Buch, *The Gender Agenda*, ein über zwei Jahre geführtes Tagebuch darüber, wie die Welt Frauen und Männer unterschiedlich behandelt. Ros Ball lebt mit ihrer Familie in London und arbeitet im öffentlichen Dienst.

@Rosball

Über die Illustratorin

Emmy Lupin lebt in Nottingham als Illustratorin mit eigenem Studio. Sie hat sich auf digitale Abbildungen spezialisiert, die muster- und farbenreich sind. Ihre Arbeiten betrachten das Leben aus dem Blickwinkel einer Frau. Emmy Lupin lieferte bereits künstlerische Beiträge für Unternehmen wie Adidas, TikTok, *Stylist Magazine*, Adobe, Three UK und SEGA. In ihrem Webshop bietet sie Drucke, Karten und andere schöne Dinge an.

www.emmylupin.com
@emmylupinstudio

Unbound ist der erste Crowdfunding-Verlag der Welt und wurde 2011 gegründet.

Wir glauben, dass wunderbare Dinge geschehen können, wenn man Menschen, die eine Leidenschaft teilen, den Weg ebnet. Deshalb haben wir eine Plattform geschaffen, die Lesende und Schreibende zusammenbringt, um Bücher, an die sie glauben, per Crowdfunding zu finanzieren – und frischen Ideen, die aus dem Rahmen des Üblichen fallen, die Chance zu geben, die sie verdienen.

Sie halten dieses Buch in Händen, weil viele Leserinnen und Leser es möglich gemacht haben. Alle, die ihre Unterstützung zugesagt haben, sind unten aufgeführt. Schließen Sie sich ihnen an, indem Sie unbound.com besuchen und heute ein Buch unterstützen.

Syeda Ali
Jen Allerton
Nicola Alloway
Paula Álvarez Vaccaro
Catherine Anderson
Helen Anderson
Anna und Jane
Helen Antrobus
Rebecca Asher
Martyn Atkins
Louisa Attaheri
Anna Auckland
Edie Auckland
Ellis Auckland
Nengi Ayika
James Aylett
Rozhana Azra
Louise Bailey
Lin Ball
Penelope Ball
Peter Ball
Brian Ballantyne
Sakina Ballard
James Barber
Hannah Bardell
Fiona M. Barham
Sally Barnes
Peter Barratt
Emily Batchelor
Dianne Bateman
Val Bayliss-Brideaux
Nancy Baynes
Betsy Bearden
Bedford Girls' School und The Alumnae
Mashkura Begum
Mathew Belcher
Emily Bell
M. Bell
Carolyn Belson
Richard Benjamin
Natalie Bennett
Neil Bennett
Phillip Bennett-Richards
Fiona Berry
Miranda Bertram
Leah Bevan-Haines
Anna Birch
Rachel Birrell
David Black
Simon Bleasdale
Stevie Blue
Tessa Boase
Caroline Bolton
Alison Bonny
Kate Boulton
Daisy Bow Du Toit
Suzannah Brecknell
Ailish Breen
Kate Bridgman
Amy Brocklehurst
Martha-Louise Browell
Jago Brown
Kitty Brown
Brian Browne
Teresa Broxton
Eddie Buckley
Liz Burgess
Catrina Burke
Joy Burnford
Faye Burnie
Tiffany Burrows
Mia Burt
Sue Butcher
Rachel Byrne
Cara C.
Vanessa Cairns
Susanne Cameron-Nielsen
Laura Carey
Livia Carlini Schmidt
Jessamy Carlson
Lisa Carr
Matt Castanier
Angela Chaggar
Jas Chahal
Debbie Challis
Clifford Chance
Susha Chandrasekhaar
Becky Chantry
Hannah Charalambous
Sarah Childs
Alex Chisholm
Jessica Chivers
Rachel Clack
Deborah Clair
Kate Clanchy
Helen Clancy
Tom Clancy
Giovanna Clark
Ali Clay
Jen Clayton
Grant Clemence
Cris Cloyd
Deborah Coltham
Helen Cook
Carly Cooper
Ginny Cooper
Nick Cooper
Poppy Coppins
Dr Helen Corbett
Cecilia Cordeiro
Jodie Cosh
Elizabeth Coulter
Serena Cowdy
Patrick Cowling
Krista Cowman
Gaynor Cox
Amy Craik
Deborah Crawford
Lucy Crawford
Tomas Cronholm
Rachel Crosby
Serena Cross
Crosshall Junior School
Cat Crossley
Jessica Crowe
John Crowther
Martine Croxall
Mark Cumisky
Rosalin Cummings

Rachel Cummings-Dunn
Alexander Cunliffe
George Dalton
Damesnet
Roger Davidson
Chris Davies
Matt Davies
Jess Day
Jasmin De Freitas
Joanne Deeming
Dana Denis-Smith
Alice Devlin
Anthony Diakou
Olivia Dickinson
Claire Dickson
Lianne Dillsworth
Ian Dinwiddy
Lisa Donoghue (von Mark und Christina)
Alys Dow
Sandy Driskell
Clare Dryhurst
Jane Duffus
Roy Duncan
Michael Dunn
Sheila Dunn
Elizabeth Dwiar
Naomi Eden
Jen Edwards
Amy Elizabeth
Imogen Ely
Rachel Erskine
Huw Evana
Amanda Evans
Jane Evans
John Evans
Claire Evenden
Darcey & Holly Feeney
Edwin Flay
Anne Fletton
For All Women
Louise Ford
Sam Francis
Tristan Frayling
Bridget Frost
Jo Froude
Jonathan Gadsby
Josephine Gale
Cristina Galindo
Sarah Gammon
Penny Gane
Mandy Garner
Ella Garrett
Louise Gibbard
Julie Gibbon
Daniele Gibney
Michaela Gibson
Ann Gilpin
Mandy Girling
Steven Gislam
Julie Gittoes
Miriam Glover
Kirsty Gogan
Julie Gottlieb
Julie Gough
Claire Gould
Caroline Gourlay
Kirsty Grainger
Anne Grant
Fiona Grant
Louise Granville Smith
Alex Graul
Samuel Gray
Emma Green
Esther Green
Isabel Green
Jen Green
Tony Grew
Judith Griffith
Cathy Groves
Rachel Guest
Georgia Gunderson
Ley-Anne Haigh-Forsyth
Jessica Hallett
Emma Halliday
Laura Hamblyn
Chrissy Hamlin
Vanessa Hammick
Bridget Hargreave
Robin Hargreaves
Siobhan Harley
Harris Academy Peckham
Amanda Harrison
Peter Harrison
Toni Harrison
Vanessa Harrison-Gill
Tom Hart
Emma Hartfield
Gillian Harvey-Bush
Helen Hayes
Alice Heggie
Caia Henderson
Emma-Kate Henry
Lucy Henzell-Thomas
Anna Hepworth
Harriet Herbert
Imogen Herbert
Kate Herbert
Duncan Hess
Lucy Higgins
Emily JS Higgins & Georgina E. Flaxman
James Higgott
Jaine Hilston
Nick Hilton
Emily Hodder
Katie Hogg
Ellen Hohbach Scheetz
Stephen Holbrook
Ailsa Holland
Holly Holmes
Laura Holmes
Helen Hood
Ola Hotson
Lorraine Howard
Helen Hubert
Dr. Elin Huckerby – Glückwünsche zum Dr. phil.!
Alexandra Hughes-Johnson
Susan Hulme
Caroline Hunt
Julian Huppert
John Hutton
Vicky Iglikowski-Broad
Shubeeh Imam
Mike Indian
Michelle Jackson
Aiden James
Louise James
Alice Jefferis
Ernest Jenavs
Lyndsey Jenkins
Anna Jessop
Marjorie Johns
Katie Rowley Jones
Roger Jones
Nick Kampa
Dr Nikita Kanani
Kea und Kiwi
Lisa Keane Elliott
William Kedjanyi
Robert Keeling
Samantha Kenny
Fozia Khanam
Dan Kieran
Sarah King
Kerry Kissinger
Tertia-Jayne Klein
Karen Klomp
Peter Knowles
Leyla & Ava Kozton
Helene Kreysa
Debbie Kurup
Paul La Planche
Nicolas Laborie
Dr Mira Lal
Felicity Lane
Nina Lawrence
Emily Lawson
Becky Laxton-Bass
Sarah Layton
Jessica Leach
Swee Leng Harris
Isi Leslie
Anastasia Lewis
Catrin Lewis
Susan Lewis
Michala Liavaag
Felicity Liggins
Stephanie Lilley
Jonathan Littlemore
Jonathan Russell Lloyd
Samantha Lloyd
Ana Lockerbie
Camille Lofters
Stuart Long
Emily Lowden
Isaac Lowe
Rosemary Mac Cabe
Orla Mackle
Sheila MacNeill
Claire Madge
Hajira Mahomed
Di Mainstone
Catt** Makin
Joshua Mallalieu
Anne Mallek
Philippa Manley
Chris Mann
Liz Marin-Curtoud
Lucy Mark
Alice Marks
Anabel Marsh
Elaine Martel
Charlotte Martin
Sarah Matheson
LK Matthews
Sukie Matthews
Caroline Mayes
Charlotte Maynard
Liam McAlinden
Elysia McCaffrey
Steve McCaffrey
Pamela McCarthy
Lawrence McCrossan
Marie McGinley
Garry McQuinn
Ineke Meijer
Nick Mellish
Jill Meyers
James Millar
John Millar
Richard Millar
Susan Millar
Clem Millar-Ball
Josie Millar-Ball
Ciara Minnitt
John Mitchinson
Mira MJ
Megha Mohan
Linda Monckton
Romy Morgan
Amelia Morris
Fionnuala Morris
Kate Mosse
Rachel Muers
Sumita Mukherjee
Gillian Murphy
Olivia & Isabella Murray
Carlo Navato
Abbie Naylor
Michael Neale
Antony Nelson
Daisy Nelson
Charlotte Nettleton
Chris Newsom und Jasmine Milton
Catherine Nicholls
Sue Nieland
Stacey Nievweija
Katherine Nightingale
Laura Mae Nuttall
Carolyn O'Connor
Sara O'Connor
Steve O'Gorman
Lisa O'Hare
Fiona O'Neill
Mark O'Neill
Beryl Oakes

Impressum

Titel der englischen Originalausgabe:
Women Who Won. 2023 erschienen bei:
Unbound
c/o TC Group, London
www.unbound.com

Deutsche Ausgabe:
Verantwortlich: Susanne Caesar
Übersetzung aus dem Englischen, Redaktion und Satz: VerlagsService Dietmar Schmitz GmbH, Heimstetten
Umschlag-Adaption: Mathias Frisch
Printed and bound in Türkiye by Elma Basim

★★★★★

Sind Sie mit diesem Titel zufrieden? Dann würden wir uns über ihre Weiterempfehlung freuen. Erzählen Sie es im Freundeskreis, berichten Sie Ihrem Buchhändler, oder bewerten Sie bei Onlinekauf.
Und wenn Sie Kritik, Korrekturen, Aktualisierungen haben, freuen wir uns über Ihre Nachricht an Frederking & Thaler Verlag, Postfach 40 02 09, D-80702 München oder per E-Mail an lektorat@verlagshaus.de

Unser komplettes Programm finden Sie unter

www.frederking-thaler.de

Die Deutsche Nationalbibliothek verzeichnet diese Publikation in der Deutschen Nationalbibliografie; detaillierte bibliografische Daten sind im Internet über http://dnb.d-nb.de abrufbar.

ISBN: 978-3-95416-420-2

